Tourenübersicht

Ammergauer Alpen

Säulinggruppe

❶ Säuling und Pilgerschrofen

Hochplattengruppe

❷ Vom Branderschrofen zum
  Schönleitenschrofen
❸ Gumpenkarspitze und
  Geiselstein
❹ Die Roggentalumrahmung
❺ Von der Scheinbergspitze zum
  Hasentalkopf

Klammspitzkamm

❻ Feigenkopf und
  Große Klammspitze
❼ Vom Dreisäulerkopf zum
  Pürschling
❽ Über die Rappenköpfe zum
  Pürschling

Kreuzspitzgruppe

❾ Die Überschreitung der Geierköpfe
❿ Von der Kreuzspitze zum Kreuzspitzl
⓫ Friederberg und Scharfeck

Kramergruppe

⓬ Über den Ziegspitzkamm

Vilsgebiet

⓭ Vom Brentenjoch zur Sefenspitze
⓮ Vom Einstein zum Rappenschrofen
⓯ Auf Jochschrofen, Hirschberg und
  Spieser
⓰ Die Sorgschrofenüberschreitung
⓱ Vom Himmelreich über den
  Kienbergkamm
⓲ Vom Milchhäusl auf den
  Pfrontner Berg
⓳ Der Saloberkamm
⓴ Roter Stein und Vilser Kegel

Günther Laudahn

Bergtouren in den Ammergauer Alpen

Mit Vilsgebiet

20 nicht alltägliche Rundtouren mit 60 Gipfeln

Mit 101 Farbfotos, Karten und Tourenprofilen
sowie 2 Übersichtskarten

Bruckmann

Einband-Vorderseite:
Die letzten Meter zum Gipfel des Brunnbergs, Klammspitzkamm, Tour 8.

Einband-Rückseite:
Die Pürschlingköpfe in der Nähe der Pürschlinghäuser, Klammspitzkamm, Tour 7.

Innentitel:
Auf dem Laubeneck. Rückblick nach Westen auf die Klammspitzen und die Gipfel der Hochplattengruppe, Klammspitzkamm, Tour 7.

Eine Produktion des
Bruckmann-Teams, München
Umschlaggestaltung: Uwe Richter
Lektorat: Dr. Helmut Kremling
Layout: Ina Hesse

Bildnachweis: Alle Fotos dieses Buches stammen von Günther Laudahn, Augsburg.

Die Kartenskizzen zu den Touren und die Übersichtskarten erstellte das Ingenieurbüro für Kartographie Heidi Schmalfuß, die Tourenprofile Heike Rehage, Creativ Design, beide München, nach Vorlagen des Autors.

Alle Angaben dieses Werkes wurden vom Autor sorgfältig recherchiert und auf den aktuellen Stand gebracht sowie vom Verlag auf Stimmigkeit geprüft. Für die Richtigkeit der Angaben kann jedoch keine Haftung übernommen werden. Für Hinweise und Anregungen sind wir jederzeit dankbar. Bitte richten Sie diese an den Bruckmann Verlag, Lektorat, Nymphenburger Straße 86, 80636 München.

Gedruckt auf chlorarm gebleichtem Papier

Die Deutsche Bibliothek – CIP-Einheitsaufnahme

Laudahn, Günther:
Bergtouren in den Ammergauer Alpen : mit Vilsgebiet / Günther Laudahn. – München : Bruckmann, 1996
(Erlebnis Wandern)
ISBN 3-7654-2831-0

Gesamtherstellung: Bruckmann, München
Druck: Gerber + Bruckmann, München
Printed in Germany
ISBN 3-7654-2831-0

Inhalt

Vorwort 8

Wichtige Informationen 10

Schwierigkeitsbewertung 10

Anforderungen der Touren 10

Erläuterungen zu den Karten und Tourenprofilen 11

Ammergauer Alpen 12

Säulinggruppe 16

1 Säuling und Pilgerschrofen 19
Von Hohenschwangau auf den westlichen Eckpfeiler der Ammergauer Alpen hoch über den Königsschlössern

Hochplattengruppe 24

2 Vom Branderschrofen zum Schönleitenschrofen 26
Kammwanderung über der Füssener Seenplatte mit kleinen Klettereinlagen

3 Gumpenkarspitze und Geiselstein 32
Ein wenig bekannter und ein sehr bekannter Gipfel von Ammerwald aus

4 Die Roggentalumrahmung 40
*Von Ammerwald auf Weitalpspitze,
Hochplatte und Hochblasse*

5 Von der Scheinbergspitze zum
Hasentalkopf 49
*Anspruchsvolle Kammtour mit
Abstieg durchs Sägertal*

Klammspitzkamm 58

6 Feigenkopf und
Große Klammspitze 60
*Abwechslungsreiche Rundtour –
mal nicht von Linderhof aus*

7 Vom Dreisäulerkopf zum
Pürschling 66
*Von Linderhof über den mittleren
Abschnitt des Klammspitzkammes*

8 Über die Rappenköpfe zum
Pürschling 76
*Nicht alltägliche Gratwanderung
über dem Graswangtal*

Kreuzspitzgruppe 84

9 Die Überschreitung der
Geierköpfe 87
*Genußvolle Dreigipfeltour
für ausdauernde Geher mit
Bergerfahrung*

10 Von der Kreuzspitze zum
Kreuzspitzl   94
*Alpine Grattour im Herzen der
Ammergauer Alpen*

11 Friederberg und Scharfeck   102
*Aussichtsreiche Rundtour
aus dem Loisachtal*

Kramergruppe   109
12 Über den Ziegspitzkamm   110
*Wenig bekannte, besonders
schöne Kammwanderung im Bann
der Zugspitze*

Vilsgebiet   120

13 Vom Brentenjoch zur
Sefenspitze   123
*Reizvolle Viergipfeltour zwischen
Tannheimer Tal und Vilstal*

14 Vom Einstein zum Rappenschrofen   132
*Das Schönste am vielbesuchten Ein-
stein: der kaum bekannte Gratübergang zu seinem östlichen Eckpunkt*

15 Auf Jochschrofen,
Hirschberg und Spieser   141
*Leichte Dreigipfeltour für die
ganze Familie*

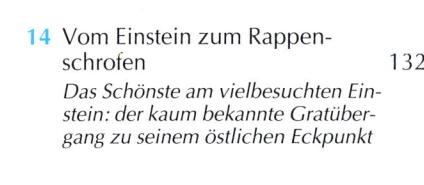

16 Die Sorgschrofenüberschreitung 148

*Attraktive Grattour vom deutschen
Zinken zum österreichischen Hauptgipfel von Unterjoch aus*

17 Vom Himmelreich über den
Kienbergkamm 154

*Die etwas abenteuerliche Über-
schreitung von der Fallmühle zum
Pfrontner Berg*

18 Vom Milchhäusl auf den
Pfrontner Berg 161

*Steiler Anstieg auf den dreigipfligen
Hausberg von Pfronten*

19 Der Saloberkamm 170

*Interessante Kammwanderung
überm Vilstal für alle Jahreszeiten*

20 Roter Stein und Vilser Kegel 178

*Auf zwei Aussichtsbalkone
hoch über der Vils*

Anhang 189

Register 189

Literaturhinweise 191

Vorwort

Dieses Buch will in erster Linie die große Schar der geübten Bergwanderer ansprechen, die an Kammtouren und Gratüberschreitungen, aber auch an weglosen Passagen und leichten Klettereinlagen ihre Freude haben, doch kommt auch der weniger Geübte nicht zu kurz. Die Mehrzahl der Touren ist in den Ammergauer Alpen angesiedelt, der vielgestaltigen, landschaftlich so überaus reizvollen Gebirgsgruppe zwischen Lech und Loisach. Selbst Berggeher, die in den Ammergauer Alpen häufig unterwegs sind, werden bei den hier ausgewählten Touren sicher manch Neues kennenlernen. Das gilt auch für den zweiten Tourenbereich, das Vilsgebiet. Dieses den Allgäuer Alpen zugehörige Gebiet ist keine in der Bergliteratur ausgewiesene Gebirgsgruppe, sondern eine von mir verwendete Zusammenfassung der Bergkämme, die die Vils auf

Felspartie beim Aufstieg zur Kreuzspitze.

ihrem Weg vom Vilsalpsee bis zur Mündung in den Lech flankieren. Sie bieten eine Anzahl sehr attraktiver Kammwanderungen.

Bei meinen sehr häufigen Bergtouren vor allem in den Ammergauer und Allgäuer Alpen bin ich immer bemüht, Neues zu entdecken und Gipfelkombinationen zu erproben, die landschaftlich reizvoll, bergsteigerisch interessant und in dieser Konzeption weniger bekannt, also nicht wie viele Modegipfel besonders an Wochenenden überlaufen sind. Alle in diesem Buch vorgestellten Rundtouren sind nach diesem Gesichtspunkt ausgewählt. Alle habe ich samt Varianten selbst begangen und 1993/95 wiederholt, viele mehrmals, um den aktuellen Stand der Routenbeschreibungen und Karten sicherzustellen. Dies ist wichtig, weil durch den Bau neuer Forststraßen sich oft Wegführungen so rasch ändern, daß die im Abstand von Jahren neu aufgelegten Karten nur mit entsprechender Verzögerung folgen können. Auch sind Wege und Steige, die nicht markiert, aber deutlich ausgeprägt und gut begehbar sind, in den Karten mitunter gar nicht eingetragen, während aufgelassene, also nicht instand gehaltene und kaum noch erkennbare Pfade eingezeichnet sind. Vor allem aber haben die Wirbelstürme von Anfang 1990 die Landschaft und den Routenverlauf im Waldbereich vielerorts stark verändert. Routenbeschreibungen vor diesem Zeitpunkt sind insbesondere bei weglosen Abschnitten heute oft überholt. Die Aufräumarbeiten sind noch längst nicht abgeschlossen. All dies ist in den Tourenbeschreibungen und maßstabgerechten Kartenskizzen des Buchs berücksichtigt. Jedes Kapitel ist außerdem durch ein Tourenprofil ergänzt, das die mittleren Gehzeiten zwischen wichtigen Geländepunkten und den Gipfeln enthält. Es ist in Verbindung mit den Tourendaten eine wesentliche Hilfe für die exakte Tourenplanung.

Die Rundtouren, die über mehrere Gipfel ohne Benützung von Verkehrsmitteln stets zum Ausgangspunkt zurückführen, sind vor allem aus dem westlichen Oberbayern und dem schwäbischen Raum als Tagestouren gut durchführbar. Sie verlaufen großenteils auf markierten Wegen und Steigen, enthalten aber fast immer auch weglose Abschnitte, die den besonderen Reiz der Tour ausmachen und die dann eingehend beschrieben sind. Die meisten Touren sind für vernünftig ausgerüstete Bergwanderer – wichtig sind vor allem feste Bergschuhe mit guter Profilsohle – problemlos, einige erfordern Übung und Erfahrung im steilen Gras- und Schrofengelände, gehen aber nie über den II. Schwierigkeitsgrad hinaus. Über Schwierigkeitsbewertung und Anforderungen der Touren geben die Seiten 10 und 11 Auskunft.

Zur empfehlenswerten Ausrüstung bei einer Bergtour gehören außer der selbstverständlichen wetterfesten Kleidung auch Kompaß und Höhenmesser, die in Verbindung mit einer guten Karte (Höhenlinienabstand 20 m) bei Wetterumschwung, insbesondere bei Nebeleinfall, wichtig werden können. Für das Tourengebiet dieses Buchs bestens geeignet sind die Karten des Bayerischen Landesvermessungsamts München im Maßstab 1:50 000: »Füssen und Umgebung« für den größten Teil der Ammergauer Alpen und das Vilsgebiet, »Werdenfelser Land« für den östlichen Teil der Ammergauer Alpen, »Allgäuer Alpen« für das Vilsgebiet.

Eine Alpenvereinskarte steht für das hier in Betracht kommende Tourengebiet nicht zur Verfügung.

Auf geht's! Ich wünsche Ihnen schöne erfolgreiche Bergtouren.

Wichtige Informationen

Schwierigkeitsbewertung

Für die in diesem Buch vorkommenden Schwierigkeitsgrade ist die Bewertung nach den Richtlinien der UIAA (Union International des Associations d'Alpinisme) angewendet. Sie sagen folgendes aus:

I Geringe Schwierigkeiten. Die einfachste Form der Felskletterei. Kein leichtes Gehgelände! Die Benützung der Hände ist zur Unterstützung des Gleichgewichts oft schon erforderlich. Ausgesetzte Passagen verlangen Schwindelfreiheit.

II Mäßige Schwierigkeiten. Hier beginnt die Kletterei, die Dreipunkthalterung erfordert, das heißt, daß stets beide Füße und eine Hand oder beide Hände und ein Fuß festen Halt am Fels haben. Schwindelfreiheit unerläßlich.

Höhere Schwierigkeitsgrade kommen bei den Touren dieses Buchs nicht vor, der II. Grad tritt nur bei einigen ganz kurzen Kletterpassagen auf, die man meist umgehen oder auslassen kann. Im allgemeinen wurde die in den Alpenvereinsführern »Ammergauer Alpen« und »Allgäuer Alpen« genannte Schwierigkeitsbewertung verwendet. Ich habe die Touren aber immer auch nach meiner eigenen Erfahrung und nach vergleichender Abwägung bewertet.

Die Beurteilung der Schwierigkeit einer Bergtour ist ja sehr subjektiv und individuell. Was der eine als schwierig empfindet, macht ein anderer locker. Auch ist eine objektive Beurteilung in einem Gebirge wie den Ammergauer Alpen mit ihren oft steilen Grasschrofenhängen und dem häufig brüchigen Fels schwieriger als etwa im Kaisergebirge mit seinem festen Wettersteinkalk. Man darf die Anforderungen, die eine Bergtour an den Begeher stellt, auch keinesfalls allein nach dem Schwierigkeitsgrad der Felsabschnitte bewerten. Länge der Passagen, Ausgesetztheit, Steilheit des Geländes

und Beschaffenheit des Untergrunds spielen eine wichtige Rolle. So kann eine mit Schwierigkeitsgrad I bewertete Tour in steilen Grasschrofen durchaus höhere Ansprüche stellen als eine kurze mit II bewertete Kletterstelle in festem Fels. Dies ist bei den »Anforderungen der Touren« berücksichtigt. Nicht berücksichtigt werden kann dabei natürlich der Einfluß des Wetters, der für das Gelingen einer Tour oft entscheidend ist.

Anforderungen der Touren

Leichte Bergwanderungen
 2 Vom Branderschrofen zum Schönleitenschrofen ohne Branderschrofen-Nordgrat, Franziskaner und Roßgern
12 Über den Ziegspitzkamm ohne Rauhenstein und Rauheck
15 Auf Jochschrofen, Hirschberg und Spieser
19 Der Saloberkamm
20 Vilser Kegel

Touren, die etwas Übung und leichte Kletterei (I) erfordern
 1 Säuling und Pilgerschrofen
 4 Die Roggentalumrahmung
 6 Feigenkopf und Große Klammspitze
 7 Vom Dreisäulerkopf zum Pürschling
11 Friederberg und Scharfeck
14 Vom Einstein zum Rappenschrofen
16 Die Sorgschrofenüberschreitung

Die hinsichtlich Bergerfahrung und Kletterfertigkeit (bis II) anspruchsvollsten Touren
 2 Vom Branderschrofen zum Schönleitenschrofen mit Branderschrofen-Nordgrat, Franziskaner und Roßgern
 3 Gumpenkarspitze und Geiselstein
 5 Von der Scheinbergspitze zum Hasentalkopf
 9 Die Überschreitung der Geierköpfe
10 Von der Kreuzspitze zum Kreuzspitzl
13 Vom Brentenjoch zur Sefenspitze

Touren, die klettermäßig leicht sind, aber Bergerfahrung und Orientierungssinn erfordern

  8 Über die Rappenköpfe zum Pürschling
17 Vom Himmelreich über den Kienberg-
    kamm
18 Vom Milchhäusl auf den Pfrontner Berg
20 Roter Stein

Kurze Touren mit Gehzeit (Stunden)

14 Vom Einstein zum
    Rappenschrofen   4½ bis 5
15 Auf Jochschrofen, Hirschberg
    und Spieser   3½ bis 4
16 Die Sorgschrofenüber-
    schreitung   3½ bis 4
18 Vom Milchhäusl auf den
    Pfrontner Berg   2¾ bis 3
19 Der Saloberkamm   3½ bis 4

Lange Touren mit Gehzeit (Stunden)

  1 Säuling und Pilgerschrofen   7 bis 8
  3 Gumpenkarspitze und
    Geiselstein   7½ bis 8½
5 u. 6 Von der Scheinberg-
    spitze zur Klammspitze 9 bis 9½
  8 Über die Rappenköpfe zum
    Pürschling (mit Kofel)   7 bis 8
  9 Die Überschreitung der
    Geierköpfe   7¾ bis 8½

Erläuterungen zu den Karten und Tourenprofilen

Die **Karten** sind maßstabgerecht gezeichnet. Sie enthalten alle für die Touren wichtigen Angaben. Hinsichtlich der Routenführung gilt:

durchgezogene rote Linie:
für die Tour benützter markierter oder nicht markierter, jedenfalls deutlicher Weg oder Steig;

gestrichelte rote Linie:
beschriebene Variante;

gepunktete rote Linie:
weglose Strecke mit oder ohne Trittspuren;

dünn gestrichelte graue Linie:
Wege, die bei der Tour nicht benützt werden, aber im Tourenbereich liegen und gegebenenfalls eine Ausweichmöglichkeit bieten.

Ⓟ Parkplatz am Ausgangsort.

Die **Tourenprofile** zeigen den Höhenverlauf über der Wegstrecke. Sie sind 4fach überhöht, um die Höhenunterschiede deutlicher zu machen. Wichtige Geländepunkte sind durch Kreise, Gipfel durch Dreiecke dargestellt. Die auf Viertelstunden abgerundeten Gehzeiten gelten jeweils von Kreis zu Kreis bzw. Gipfeldreieck. Sie entsprechen mittleren Gehleistungen und enthalten kurze Verschnaufpausen, aber keine Rast. Dies ist bei der Tourenplanung zu berücksichtigen. Man wird also den Gesamtgehzeiten 1 bis 1½ Stunden zurechnen müssen.

Die Schräge der Verbindungslinien zwischen den Punkten entspricht der mittleren Steigung, es können also örtlich steilere oder flachere Stellen vorliegen. Diese sind nur bei längeren deutlich unterschiedlichen Steigungen berücksichtigt.

Den Namen liegen die ausgezeichneten, sehr übersichtlichen Karten des Bayerischen Landesvermessungsamts München »Allgäuer Alpen« und »Füssen und Umgebung« zugrunde, ebenso den Höhenangaben, sofern nicht eindeutige Unstimmigkeiten vorliegen. In solchen Fällen sind eigene Meßwerte eingesetzt.

Von den Wiesenhängen bei Eisenberg, Allgäu, hat man einen schönen Blick auf den nordwestlichen Teil der Ammergauer Alpen mit Säuling- und Hochplattengruppe.

Ammergauer Alpen

Die vor allem aus dem westlichen Oberbayern und dem gesamten schwäbischen Raum so günstig erreichbaren Ammergauer Alpen sind ein außerordentlich vielgestaltiges Gebirge, das eine große Zahl herrlicher Bergtouren bietet. Die rund hundert Gipfel umfassende Gebirgsgruppe, die im Westen vom Lech, im Osten von der Loisach, im Süden durch das Außerfern – die Talsenke zwischen Reutte und Lermoos – begrenzt wird, fußt im Norden mit den bewaldeten Trauchbergen im Alpenvorland. Sie ist von einem gut ausgebauten Straßensystem umschlossen, das eine Besteigung jedes Gipfels und die Begehung der hier beschriebenen Gipfelkombinationen als Tagestour ermöglicht, ohne auf Hüttenstützpunkte angewiesen zu sein. Nur *eine* Straße führt durch das Gebirge, die Ammerwaldstraße zwischen Oberammergau / Ettal und Reutte. Sie bildet eine wichtige Ausgangsmöglichkeit für Touren im Zentralgebiet der Gruppe. Keine öffentlich befahrbare Straße jedoch dringt in das Innere der einzelnen Berggruppen vor. Die zahlreichen Forststraßen sind ausnahmslos für den öffentlichen Verkehr gesperrt.

Die deutsch-österreichische Staatsgrenze läuft mitten durch die Ammergauer Alpen. Fast der gesamte deutsche Anteil ist Naturschutzgebiet, was bei den Bergtouren streng zu beachten ist. Die Würdigung als Naturschutzgebiet sichert unserem Gebirge, von der umfangreichen »Erschließung« durch Lifte und Bergbahnen, unter der viele andere Gebirgsgruppen leiden, langfristig verschont zu bleiben. So werden die beiden Kabinenseilbahnen in den Randgebieten, auf den Tegelberg und den Laber, und die Sessellifte von Oberammergau zum Kolbensattel, von Bad Kohlgrub zum Hörnle und von Buching zum Buchenberg wohl auch künftig die einzigen bleiben.

Dagegen sind die einzelnen Berggruppen jede für sich durch ein gut angelegtes Wegesystem erschlossen und miteinander verbunden. Das ist wichtig, weil die Ammergauer Alpen trotz ihres Vorgebirgscharakters einer Bergwanderung sonst viele Hindernisse entgegensetzen würden. Sanfte Grasrücken wechseln mit steilen, dicht mit Latschen überzogenen Hängen, die ein wegloses Durchkommen fast unmöglich machen. Tief eingerissene Schluchten und steilflankige schrofige Gipfel prägen besonders den zentralen und südwestlichen Teil des Gebirges. Ausgesprochene Klettergipfel wie der Geiselstein in der Hochplattengruppe weisen die Ammergauer Alpen nur wenige auf, doch bieten auch andere Gipfel insbesondere bei den sehr lohnenden Gratüberschreitungen hübsche und nicht schwierige Klettereinlagen. Wichtig ist, sich streng an die Wegführung und bei weglosen Abschnitten an die Beschreibung zu halten. Vermeintliche Abkürzer enden oft im Latschendickicht oder an ungangbaren Abbrüchen.

Die Ammergauer Alpen werden in acht Gruppen eingeteilt:
Trauchberge
Laber-Hörnle-Gruppe
Säulinggruppe
Hochplattengruppe
Klammspitzkamm
Kreuzspitzgruppe
Kramergruppe
Danielkamm

Für die Trauchberge, die Laber-Hörnle-Gruppe und den Danielkamm sind in diesem Buch keine Touren enthalten. Die *Trauchberge* sind ein reines, wenig attraktives Waldgebirge. Die *Laber-Hörnle-Gruppe* bietet mit dem dreigipfligen Kohlgruber Hörnle lohnende, leicht und schnell erreichbare Aussichtspunkte, die man von Bad Kohlgrub, Wurmansau oder Kappel bei Unterammergau angeht. Der *Laber* ist ein beliebtes Wanderziel und Startplatz der Drachenflieger, während das benachbarte Ettaler Manndl mit seinem kettengesicherten Anstieg luftige und lustige leichte Kletterei verspricht, und zwar mit Aufstieg von Oberammergau oder Ettal. Der *Danielkamm* als höchste Gebirgsgruppe der Ammergauer Al-

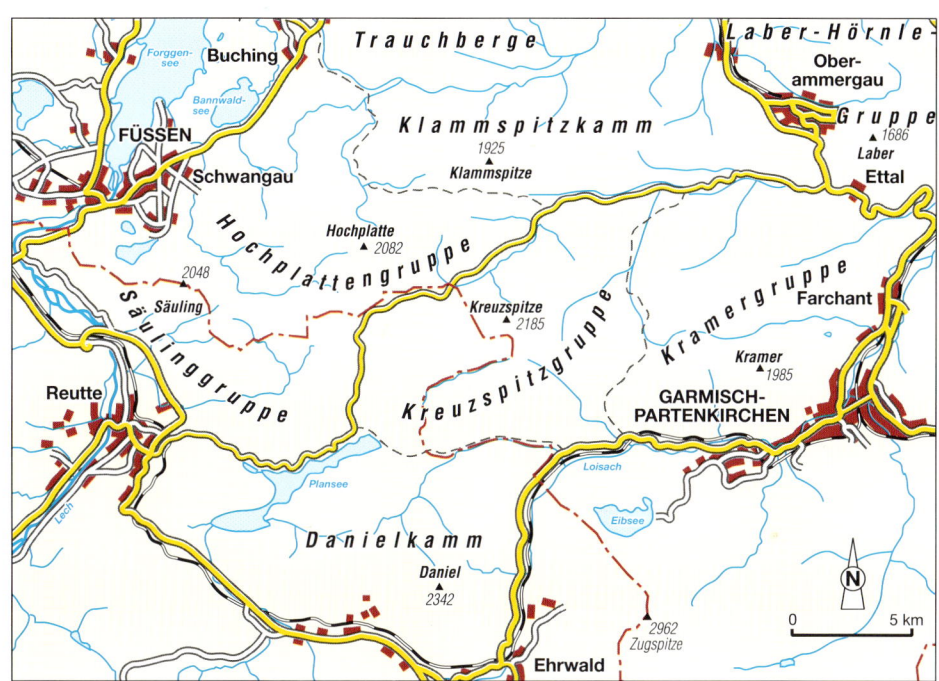

pen läßt sich in zwei sehr lohnenden und aussichtsreichen Tagesrundtouren von Lähn im Außerfern aus überschreiten, die eine von der Kohlbergspitze zum Plattberg, die andere vom Daniel, der höchsten Erhebung der Ammergauer Alpen, zum Großen Pfuitjöchle. Sie sind in meinem Buch »Bergtouren mit Pfiff« eingehend behandelt.

Das Säulingmassiv vom Tegelberg aus.

Säulinggruppe

Nach Zahl der Gipfel ist die Säulinggruppe die kleinste der hier behandelten Ammergauer Gebirgsgruppen. Wie in keiner anderen Gruppe beherrscht der formschöne Namensgeber Säuling seine Trabanten, nicht nur wegen seiner überragenden Höhe, sondern auch durch seinen stolzen, von weit aus dem Alpenvorland sichtbaren markanten Gipfel. Einige der übrigen Berge der Gruppe lehnen sich eng an ihr Oberhaupt an, wie der *Pilgerschrofen* im Westen und der *Dürrnberg* (Koflerjoch) mit dem ganz untergeordneten, aber einen sehr steilen Wandabbruch aufweisenden *Zunderkopf* im Südosten. Nur der *Ochsenälpeleskopf* und der *Kreuzkopf* im Osten der Gruppe beanspruchen Selbständigkeit. Dieses Gipfelpaar bietet eine sehr hübsche Kammwanderung von Ammerwald aus, die in meinem Buch »Bergtouren mit Pfiff« beschrieben ist. Losgelöst vom Säulingmassiv ist auch der im Süden gelegene, touristisch unbedeutende *Zwieselberg* mit mehreren ganz von Latschen überzogenen Köpfen, die sich nur wenig über die Kammhöhe erheben.

Die Gruppe wird im Norden vom Tal der Pöllat mit der Bleckenau, im Osten von der Ammerwaldstraße, im Süden vom Plansee begrenzt. Im Westen sinkt sie über bewaldete Hügel zum Lech ab. Die deutsch-österreichische Grenze läuft über alle markanten Gipfel der Gruppe: über Pilgerschrofen und Säuling zum Kreuzkopf und Ochsenälpeleskopf. Die Gruppe ist durch ein verzweigtes Wegesystem gut erschlossen, auf alle Gipfel führen markierte Wege. Dennoch richtet sich das Interesse der Bergwanderer in erster Linie auf den Säuling selbst, der wegen der umfassenden Aussicht und der abwechslungsreichen Anstiegsrouten ein sehr lohnendes Gipfelziel ist. Bergbahnen und Lifte hat die Gruppe nicht zu bieten, wohl aber zwei *Stützpunkte:* das Säulinghaus unterhalb des Säuling-Westgrats und die private Berggaststätte Bleckenau. Die benachbarte Fritz-Putz-Hütte ist unbewirtschaftet.

Blick von St. Coloman auf Säuling und Pilgerschrofen.

1 Säuling und Pilgerschrofen

Von Hohenschwangau auf den westlichen Eckpfeiler der Ammergauer Alpen hoch über den Königsschlössern

Charakter: Die Besteigung von Säuling und Pilgerschrofen auf den Normalrouten von Hohenschwangau aus ist eine landschaftlich sehr reizvolle und abwechslungsreiche Tour, die beim Säuling Trittsicherheit, beim Pilgerschrofen außerdem Übung in steilen Grasschrofen erfordert. Vorsicht an den beiden Schlüsselstellen am Ansatz des Grashangs und an der kleinen Felsstufe unter der Gipfelrinne. Nicht bei Nässe oder Nebel. Der vielbesuchte Säuling ist ein hervorragender Aussichtsberg. Die Umrundung des Säuling-Westgrats ist auch ohne den Abstecher auf den Pilgerschrofen lohnend.
Ausgangsort: Hohenschwangau – Parkplatz des Schlosses Hohenschwangau – 800 m.
Geeignete Zeit: (Mai) Juni bis Oktober.
Gipfel: Säuling, 2048 m – Pilgerschrofen, 1759 m.
Stützpunkt: Säulinghaus, 1693 m, von Mitte Mai bis Mitte Oktober bewirtschaftet.
Steighöhen und Gehzeiten: *Gesamttour:* 1550 m, 7 bis 8 Stunden; *ohne Pilgerschrofen:* 1310 m, 5¾ bis 6¾ Stunden.

Wer kennt sie nicht, die vom Alpenvorland im Füssener Bereich weithin auffallende Silhouette des *Säuling*. Mit seinem türmereichen zum Pilgerschrofen ziehenden Westgrat, den Zwölf Aposteln, ist der westliche Eckpfeiler der Ammergauer Alpen einer der formschönsten Gipfel dieser Gebirgsgruppe. Nicht weniger attraktiv ist seine Besteigung auf gut angelegten markierten Wegen, kein

Der Abstieg vom Säuling zum Säulinghaus führt über steile seilgesicherte Schrofenbänder.

Spaziergang, aber doch für jeden vernünftig ausgerüsteten Bergwanderer ohne Schwierigkeiten. Vernünftig ausgerüstet heißt vor allem gutes Schuhwerk mit Profilsohle, denn die Steige führen mitunter über steiles, schrofiges, auch gerölliges Gelände. Der Gipfelaufbau dieses mächtigen Felsberges hat nur *eine* schwache Stelle, die »Gamswiese«, über die der Normalweg vom Sattel zwischen dem Gipfel und dem Nordwestlichen Vorkopf emporzieht. Ist die Gamswiese schneefrei, meist ab Juni, dann ist die günstigste Zeit für diese Bergtour gekommen.

Nicht so einfach ist die Besteigung des zweiten Gipfels der Tour. Der *Pilgerschrofen* hebt sich zwar in der Silhouette nur wenig vom Säuling-Westgrat ab, ist aber mit seinen Felsabstürzen dennoch ein markantes und durchaus attraktives Ziel. Auch der Gipfelaufbau des Pilgerschrofens hat eine schwache Stelle, die Südseite. Doch setzt selbst hier die Besteigung einen bergerfahrenen, in Steilschrofen geübten Geher voraus. Bei Nässe und auch bei Nebel sollte man auf die Besteigung verzichten, denn die Orientierung auf der ziemlich verwickelten Route ist dann trotz der in letzter Zeit angebrachten Markierungen nicht ganz leicht. Auf die Einzelheiten komme ich später zurück.

Der *Säuling* wird meist von Süden bestiegen, von Pflach in Tirol aus über das Säulinghaus, vor allem, weil man gegenüber dem Nordanstieg von Hohenschwangau etwa hundert Höhenmeter spart und der Weg zur Hütte weniger steil ist. In Verbindung mit dem Pilgerschrofen ist die Säulingbesteigung von Hohenschwangau aus auf jeden Fall günstiger, da man von Süden stets wieder auf der Anstiegsroute zurückkehren muß, während der Nordanstieg als Rundtour im oberen Teil interessanter und auch landschaftlich reizvoller ist.

Der Wegverlauf

Wir beginnen also in *Hohenschwangau*. Leider gibt es hier nur gebührenpflichtige Parkplätze, deren Benützung 6,– DM kostet (1995). Am besten stellt man den Wagen auf dem Parkplatz des Schlosses Hohenschwangau ab. Fünfzig Meter vor der Einfahrt be-

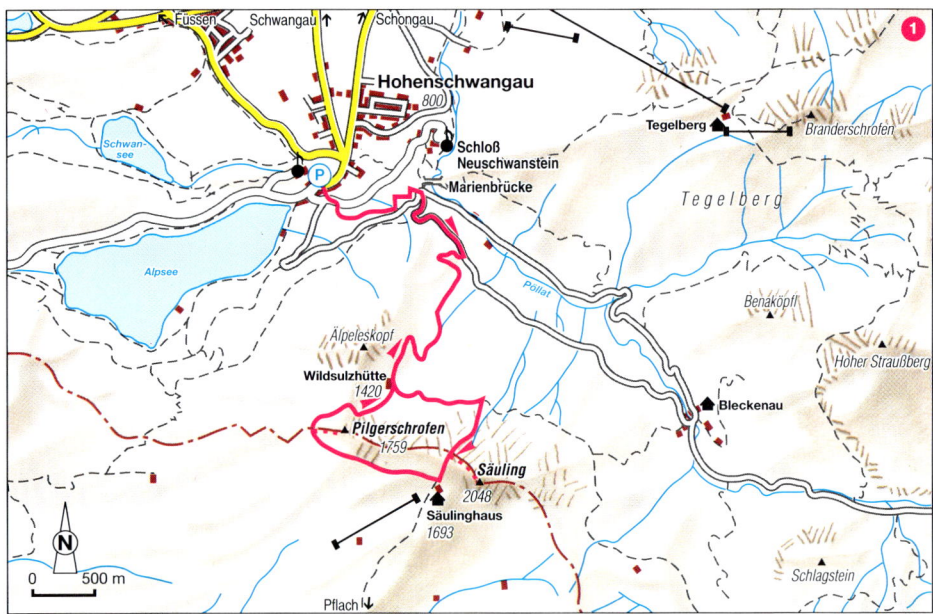

ginnt an der Ortsstraße am Schloßhotel der »Sommerweg« zum Schloß Neuschwanstein. Er trifft gleich auf die zum Schloß führende Straße, der wir nur vierzig Meter folgen, um dann nach rechts auf einen breiten, für Fußgänger und Radfahrer vorgesehenen Weg abzubiegen. Hier wandern wir in angenehmer Steigung zum *Wegkreuz* unterhalb der Marienbrücke.

Die weitere Routenführung ist nun sehr einfach. Wir folgen dem oberen Weg Richtung Bleckenau (Schild »Säuling – Pilgerschrofen«), von dem bald ein breiter Forstweg nach rechts abzweigt. Er leitet durch Mischwald zu einem idyllischen grünen Bo-

den, über dem die Zwölf Apostel mit dem Pilgerschrofen aufragen. Hier beginnt beschildert ein schmaler Steig, der in einer ausholenden Kehre zum schön gelegenen Grenzwachthüttchen, der *Wildsulzhütte,* führt. Der Weg gabelt sich nun. Nach links geht's zum Säuling, nach rechts zum Pilgerschrofen. Auf diesem Weg kommen wir später zurück.

Wir nehmen den *Säulingweg*. Er windet sich, schon freigesägt, durch ein Gebiet starken Windbruchs, Überbleibsel der Wirbelstürme von Anfang 1990, und quert dann unter den Felsen der Säuling-Nordflanke hinüber zu einem von Schrofen und Geröll

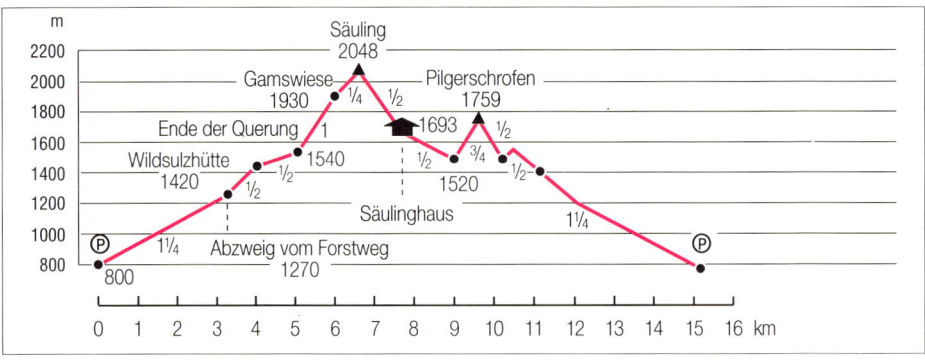

durchsetzten Hang, wo er über eine kurze Eisenleiter und etliche Absätze in vielen Kehren, weiter oben durch eine gutgestufte Schrofenrinne in leichter Kletterei, schließlich an einem kleinen Unterstand vorbei zum Sattel unterhalb der Gamswiese emporzieht. Von hier geht es auf der breiten Geröllzunge zu den Gipfelschrofen und ohne Schwierigkeit zum Kreuz, das auf dem Westgipfel des *Säuling* steht. Der etwas höhere Ostgipfel kann auf deutlicher Pfadspur in einigen Minuten gleichfalls bestiegen werden.

Der Säuling ist zu Recht ein beliebtes Gipfelziel, das eine hervorragende *Aussicht* bietet. Schön ist der ungehinderte Blick nach Norden über die Füssener Seenplatte hinweg weit ins Alpenvorland hinein, reizvoll nach Süden und Südwesten auf den Talkessel von Reutte und ins Lechtal, an das sich rechts die Tannheimer Berggruppe mit ihren schroffen Felsgipfeln anschließt. Nach Westen schauen wir auf den Grat der Zwölf Apostel mit seinem Eckpfeiler, dem Pilgerschrofen, unserem nächsten Ziel.

Natürlich wäre es nun am logischsten und elegantesten, den *Pilgerschrofen* direkt über den Grat anzugehen. Das ist indessen schwierig und für alpine Normalverbraucher nicht machbar. Das Überklettern der vielen Türme, es sind fünf markante und einige kleinere, erfordert nicht nur einen guten Kletterer, der den III. Schwierigkeitsgrat beherrscht, sondern auch Erfahrung in sehr ausgesetzten steilen Grasschrofen. Zwar wird der Gratübergang, wie das Gipfelbuch ausweist, gar nicht so selten von Alleingängern gemacht, doch begnügen wir uns mit der Normalroute, die auch einiges abfordert.

Zunächst steigen wir auf der *Gamswiese* und dem steilen, durch Seile und Ketten gut gesicherten Weg zu dem von Mitte Mai bis Mitte Oktober bewirtschafteten *Säulinghaus* ab. Kurz vor der Hütte beginnt ein markierter Pfad, der unter den Südwänden der Zwölf Apostel in leichtem Auf und Ab, insgesamt fallend, über Geröll und durch Wald zum Westrücken des Pilgerschrofens führt. Hier, unmittelbar an der Landesgrenze mit dem Grenzschild und einer weißblauen Stange, leiten deutliche Steigspuren auf dem mäßig steilen Rücken an den felsigen Grat

heran, der ein Stück unterhalb der Grathöhe umgangen wird.

Diese Trittspuren, die abschnittsweise als Steig ausgetreten sind, und blaßrote Markierungen erleichtern die Besteigung wesentlich. Ohne sie wäre das Auffinden der Route in der Tat schwierig. Aber auch so heißt es gut aufpassen, denn es gibt etliche Verhauer, die viel zu früh zum Grat emporführen. Die richtige Spur bleibt unterhalb der Felsen,

Die Schlüsselstelle am Hang unterhalb der Gipfelkrone des Pilgerschrofens.

steigt in einer erdigen, seichten Rinne ein Stück hoch, überwindet einen schrofigen Aufschwung auf guten Tritten und zieht nach erneutem Quergang nochmals aufwärts in die Nähe der Felsen. Nach Passieren eines schmalen Bandes, direkt neben einer Wand, ist die Querung beendet.

Wir haben einen breiten schrofendurchsetzten Grashang erreicht, der oben an die Gipfelkrone stößt. Er leitet den letzten Abschnitt unseres Anstiegs ein. Nach dem ersten recht steilen Aufschwung, den man am besten auf schmalen, aber festen Tritten in kurzer Linkskehre zu einigen kleinen, Halt bietenden Fichten hin überwindet – der direkte Aufstieg über sehr steile Grasschrofen ist recht ausgesetzt –, führt eine Trittspur an die Felsen heran. Den Einstieg zu der hier ansetzenden Rinne bildet eine etwa zwei Meter hohe Felsstufe. Ein guter Griff im Spalt rechts und kleine Tritte helfen hinauf. Oberhalb geht es in der Rinne zu einem Schärtchen. Wir erblicken das *Gipfelkreuz,* das nun rasch und ohne Schwierigkeit erreicht ist.

Die *Aussicht* ist ähnlich wie die vom Säuling, doch haben wir darüber hinaus einen sehr hübschen Tiefblick auf den Alpsee mit dem Schloß Hohenschwangau. Genau auf der Anstiegsroute steigen wir zum Weg am Grenzschild ab.

Diesen Abstecher zum Pilgerschrofen sollten Sie nicht bei Nässe unternehmen, weil die steilen Grastritte und die kleine Felsstufe unterm Gipfel dann sehr unangenehm werden können. Auch bei Nebel sollte der Aufstieg, wie schon erwähnt, wegen der Orientierungsschwierigkeiten tabu sein. Bei guten Verhältnissen ist dies für Geübte jedoch eine interessante und empfehlenswerte Variante.

Der *Abstiegsweg* führt nun unter den hohen Nordwestabstürzen des Pilgerschrofens steil über einen Rücken und hinunter zur *Wildsulzhütte.* Hier geht es auf den schon bekannten Wegen nach Hohenschwangau zurück. Diese Abstiegsroute ist auch ohne den Abstecher auf den Pilgerschrofen lohnend.

Gipfelrast auf dem Pilgerschrofen. Blick über die Zwölf Apostel hinweg auf den Säuling.

Hochplattengruppe

Diese Gebirgsgruppe ist die vielseitigste und nach Zahl der Gipfel größte der Ammergauer Alpen. Sie bietet jedem etwas, dem Bergwanderer mit einem gut angelegten engmaschigen Wegenetz und leicht erreichbaren, aussichtsreichen Gipfeln, dem geübten Berggeher mit sehr reizvollen Gratüberschreitungen und natürlich dem Kletterer mit dem Geiselstein, aber auch weitere Gipfel mit schroffen Felswänden wie Krähe und Kenzenkopf. Keine andere Gruppe der Ammergauer Alpen hat eine solche Gipfeldichte aufzuweisen. Eng gedrängt scharen sich die meisten Gipfel um die beherrschende, alle weit überragende Hochplatte, die sich dadurch in schöne und attraktive Gipfel-

Die Hochplattengruppe mit (von links) Hochplatte, Krähe, Gabelschrofen, Gumpenkarspitze und Geiselstein vom Feigenkopfaufstieg.

kombinationen einbeziehen läßt. Die Gruppe grenzt im Nordosten an den Klammspitzkamm, im Süden an die Säuling- und Kreuzspitzgruppe. Nach Nordwesten geht sie unvermittelt in die Voralpenlandschaft der Füssener Seenplatte über. Das sichert den nach dieser Seite vorgeschobenen Gipfeln um den Branderschrofen eine besonders gute und kurze Zugänglichkeit, die durch die Kabinenseilbahn zum Tegelberg zusätzlich erleichtert wird, und eine hervorragende Aussicht auf das Voralpenland. Die Anmarschwege zu den mehr zentral gelegenen Bergen im Bereich der Hochplatte sind länger, doch lassen sich auch hier alle Touren ohne Stützpunkt an *einem* Tag durchführen, wobei die Ammerwaldstraße günstige Ausgangsstellen bietet. Auch Halblech kommt als Ausgangsort in Betracht. Mit dem Zwischenziel Kenzenhütte wird er vielleicht sogar am häufigsten vorgesehen. Dabei sparen sich die meisten den langen, eintönigen Weg zur Hütte durch Anfahrt mit dem Kleinbus. Von der Kenzen sind die Gipfel im Gebiet der Hochplatte dann verhältnismäßig rasch erreichbar. Ich habe bei solchen Touren immer den Aufstieg von der Ammerwaldstraße vorgezogen, bei dem man weniger Steighöhe zu bewältigen hat und der landschaftlich attraktiver ist.

2 Vom Branderschrofen zum Schönleitenschrofen

Kammwanderung über der Füssener Seenplatte mit kleinen Klettereinlagen

Charakter: Eine abwechslungsreiche Rundtour, die bei Begehen der Gesamtroute am Nordgratrücken des Branderschrofens Übung im Steilgrasgelände, am Franziskaner (Spitzigschröfle) etwas Kletterfertigkeit (eine kurze Stelle II) und Schwindelfreiheit erfordert. Schöne Ausblicke auf die Füssener Seenlandschaft und die Berge der Hochplattengruppe. Die Kammwanderung vom Latschenschrofen zum Schönleitenschrofen ist leicht und auch ohne die Klettereinlagen lohnend.
Ausgangsort: Parkplatz der Tegelbergbahn, 840 m.
Geeignete Zeit: (Mai) Juni bis November.
Gipfel: Branderschrofen, 1881 m – Latschenschrofen, 1682 m – Franziskaner, 1615 m – Roßgern, 1656 m – Schönleitenschrofen, 1703 m.
Stützpunkte: Tegelberghaus, 1707 m, Drehhütte, 1220 m.
Steighöhen und Gehzeiten: *Gesamttour:* 1350 m, 6½ bis 7 Stunden;
ohne Branderschrofen: 1160 m, 5½ bis 6 Stunden;
nur Latschenschrofen und Schönleitenschrofen: 1080 m, 5 bis 5½ Stunden.

Diese hübsche Tour hoch über der Füssener Seenplatte verspricht reizende Tiefblicke auf die Voralpenlandschaft und eine schöne Aussicht auf die markanten Gipfel der Hochplattengruppe. Sie begeistert nicht nur den Bergwanderer, auch der Geübte wird hier auf seine Kosten kommen, denn die Route enthält einige Passagen, die Erfahrung im Steilgras und leichte bis mäßig schwierige Kletterei erfordern. Diese Abschnitte kann man jedoch, wie später beschrieben, auslassen. Die Tour bietet außerdem den Vorteil, daß man den Ausgangspunkt, die Talstation

der Tegelbergbahn, günstig erreicht und daß die Route zeitig im Jahr, meist schon Anfang Mai, problemlos begehbar ist. Falls dann an der Nordseite des Branderschrofens noch Schnee liegt, ist es allerdings besser, den Branderschrofen auszulassen oder die Gesamtroute mit Abstieg über dessen Nordgrat erst im Juni anzugehen. Bei Nässe ist der Nordgrat auf jeden Fall zu meiden.

Der Wegverlauf

Vom gebührenfreien *Parkplatz der Tegelbergbahn* steigen wir über den Gelbe-Wand-Weg zu unserem ersten Ziel, dem Tegelberg, auf. Das ist nicht nur der kürzeste, sondern auch der interessanteste und landschaftlich eindrucksvollste Aufstieg, für mich die schönste markierte und seilgesicherte Aufstiegsroute in den Ammergauer Alpen.

Wir folgen zunächst dem breiten, an der Drachenwiese beginnenden Weg und kommen nach zwanzig Minuten zu einer Wegteilung. Nach rechts geht's zum Gelbe-Wand-Weg »nur für Geübte«, nach links auf der Normalroute über die Rohrkopfhütte zum Grüble, der Einsenkung zwischen Latschenschrofen und Tegelberg. Dieser Aufstieg kommt allenfalls dann in Betracht, wenn wir den Branderschrofen aussparen wollen.

Der *Gelbe-Wand-Weg* ist leicht, erfordert aber sicheren Tritt und etwas Übung im Schrofengelände. Von der Wegteilung geht es nach zehn Minuten beschildert über den Rautbach und dann im Wald zu einer mit großen Blöcken durchsetzten Rinne, an deren rechtem Rand der Steig an einen plattigen, mit Drahtseilen gut gesicherten Aufschwung heranführt. Oberhalb leitet unser Steig durch latschenbedecktes Steilgelände mit Seilsicherungen zu der tief eingeschnittenen Schlucht zwischen Torkopf (rechts) und Gelbem Wandschrofen und windet sich dann, immer wieder hübsche Tiefblicke an den Felsen vorbei bietend, in vielen Kehren zu dem von Hohenschwangau heraufkommenden Weg empor, dem wir zum *Tegelberg* folgen. Die frühere Eisentreppe, auf der man rasch zum Startplatz der Drachenflieger gelangte, wurde abgebaut. Jetzt benützt man den breiten Promenadenweg am aussichts-

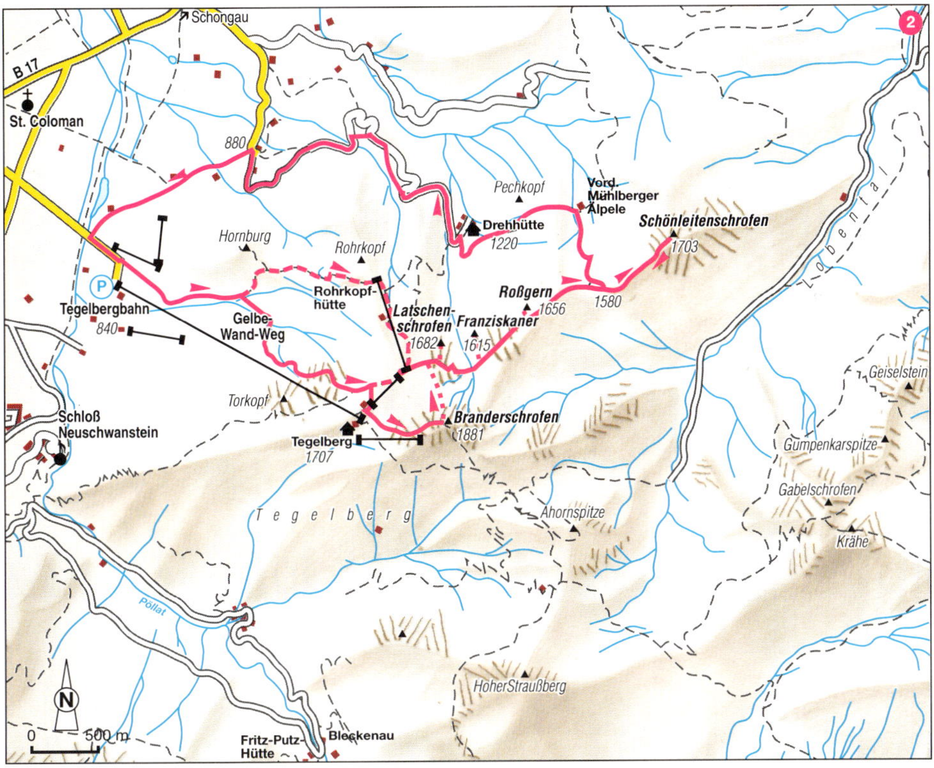

Aufstieg zum Branderschrofen über den Gelbe-Wand-Weg.

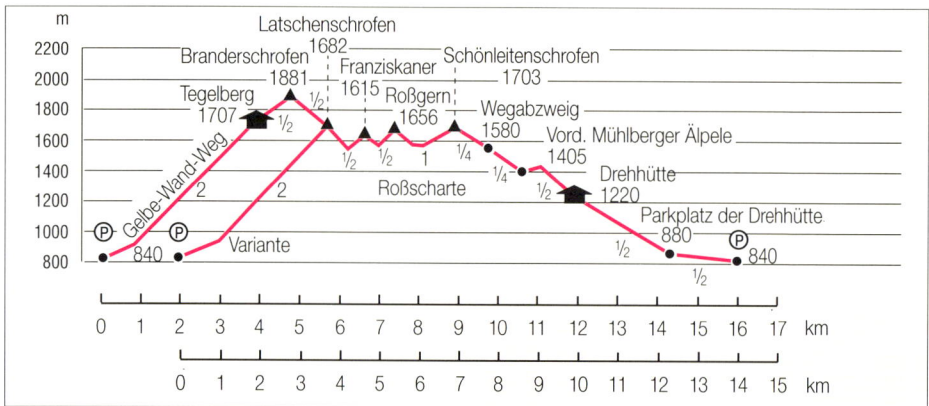

reich gelegenen, ganzjährig bewirtschafteten *Tegelberghaus* vorbei dorthin. Es ist nun auf gutem, am Felsaufbau seilgesichertem Steig nicht mehr weit zum Gipfel des *Branderschrofens*.

Der Abstieg über den *Nordgratrücken* ist der anspruchvollste Abschnitt der Tour, abgesehen von der etwas Kletterfertigkeit erfordernden Besteigung des Franziskaner (Spitzigschröfle). Am besten steigen wir ein kurzes Stück am Aufstiegsweg auf dem Westgrat ab und wenden uns dann dem grasigen Hang zu. Steile Grastritte leiten zu dem allmählich flacher werdenden Nordrücken hinüber, wo deutliche Pfadspuren, die kleinen Köpfe umgehend, über Schrofen und Geröll durch Latschengassen hinabführen. Man kann auch unmittelbar vom Gipfel des Branderschrofens am linken Rand des im oberen Teil felsigen Nordgrats auf Gras- und Schrofentritten absteigen, doch ist das Gelände hier steiler und erfordert mehr Übung und Erfahrung als der Abstieg weiter links. Am unteren Ende bricht der Rücken felsig ab. Den Abbruch umgehen wir in einer mit dünnem Stahlseil gesicherten Geröll- und Schrofenrinne und erreichen nach Querung unterhalb der Felsen den kleinen Sattel am Latschenschrofen.

Der *Latschenschrofen* ist eine nur wenige

Blick vom Latschenschrofen auf Franziskaner, Roßgern und Schönleitenschrofen. Rechts der Geiselstein.

Meter über der Einsattelung aufragende Schulter im Branderschrofen-Nordrücken. Versäumen Sie dennoch nicht, den kreuzgeschmückten Kopf zu besuchen, denn er bietet eine schöne Aussicht auf die Füssener Seenlandschaft und gibt einen guten Überblick über die weiteren Gipfel unserer Tour mit dem tief unten stehenden Franziskaner und dem markanten Schönleitenschrofen.

Wer den Nordgratabstieg vermeiden möchte – bei Nässe unbedingt ratsam –, geht vom Branderschrofen auf dem Normalweg zum Tegelberg zurück und steigt von dort zum Grüble ab und auf deutlichem Steig, der den kleinen Aufschwung rechts umgeht, zum Latschenschrofen auf. Das dauert etwa fünfzehn Minuten länger als der direkte Abstieg über den Nordgrat.

Wenn Sie den Branderschrofen nicht in die Tour einbeziehen, ist es am besten – wie anfangs schon angedeutet –, den Weg über die Rohrkopfhütte zum Grüble zu benützen und dann zum Latschenschrofen aufzusteigen.

Unser nächstes Ziel ist das *Spitzigschröfle,* auch Franziskaner genannt. Der Name »Spitzigschröfle« ist eigentlich nicht zutref-

Franziskaner und Forggensee.

fend, denn es ist kein Schröfle, sondern ein recht kompakter Felsturm mit allerdings *einer* »schwachen« Seite, der weniger steilen Ostflanke, über die der einzige leichtere Anstieg erfolgt. In allen mir bekannten Karten ist der Franziskaner übrigens falsch eingezeichnet, nämlich 300 Meter östlich von seinem tatsächlichen Standort unmittelbar über dem Kesselgraben (Drehgraben). Der eingetragene Gipfel mit Höhenangabe 1656 m ist der höchste Punkt des von den Einheimischen mit Roßgern bezeichneten felsigen Grats zwischen Kesselgraben und Roßscharte. Die Höhe des Franziskaner beträgt 1615 m.

Mit dieser Kenntnis steigen wir auf markiertem Weg in das obere Becken des *Kes-*

selgrabens ab und queren nach kurzem Anstieg auf dessen Ostseite den Weg verlassend zum Ansatz der Südostecke des *Franziskaner* hinüber. Hier leiten Trittspuren in einer gewundenen gutgestuften Rinne in leichter Kletterei einige Höhenmeter hinauf zu einem schmalen Spalt, der rechts von einer steilen, etwa zwei Meter hohen Platte begrenzt wird. Wir bezwingen sie an festen Griffen und Tritten (schwierigste Stelle, II) und erreichen ein breites Band, danach über Schrofen und erdige Tritte in der Ost- und Nordflanke den Gipfel mit Kreuz und Buch. Bei Nässe ist im oberen Teil größte Vorsicht geboten, denn unterhalb bricht die Flanke steil ab.

Schöner als diese Normalroute auf den

Franziskaner ist indessen die Fortsetzung des Südostgrats. Sie ist leichter als die Platte, der Fels ist fest und griffig, und man umgeht die mitunter unangenehmen Erdtritte. Oberhalb der Platte steigt man an der Gratkante gerade empor und gelangt, sich oben rechts haltend, unmittelbar zum Kreuz. Die Routenführung ist durch die Felsformation eindeutig gegeben. Das Ganze dauert keine zehn Minuten, die Aufstiegshöhe beträgt etwa 35 Meter.

Auf der Normalroute steigen wir ab und beginnen unsere Kammwanderung zum Schönleitenschrofen. Dieser besonders hübsche Abschnitt der Tour durch lichten, von Felstrümmern durchsetzten Wald, über blumige Matten mit Blick auf die Gipfel der Hochplattengruppe mit dem hellen Kalkzahn des Geiselsteins kann durch eine Besteigung des *Roßgern* noch bereichert werden. Diese höchste Erhebung des Roßgerngrats bricht mit einer prallen, gut dreißig Meter hohen Wand, an deren Fuß unser Weg entlangführt, nach Südosten ab. Für den Aufstieg benützen wir eine am Beginn der Wand unterhalb der Felsen nach links emporziehende Geröllrampe und erreichen, am Schluß einige Meter absteigend, den Ansatz des schrofigen Westgrats, über den wir in leichter Kletterei den Gipfel gewinnen.

Noch interessanter ist es, vom höchsten Punkt der Rampe in einer kurzen Rinne nach rechts aufzusteigen und über das steile, aber gutgestufte Wandl direkt zum Gipfel hinaufzuklettern (mäßig schwierig, II). Abstieg am besten über den kurzen Westgrat und die Geröllrampe. Der Gratübergang nach Osten ist schwierig, langatmig und wegen der sperrigen Latschen nicht lohnend.

Auf dem Weiterweg zum Schönleitenschrofen zweigt im Bereich der tiefsten Einsenkung der Steig zum Vorderen Mühlberger Älpele ab, den wir uns für den späteren Abstieg vormerken. Noch eine knappe halbe Stunde ist es zu unserem letzten Gipfelziel, dem *Schönleitenschrofen,* dem markanten Endpunkt des Kammes, der nur von dieser Seite leicht zu besteigen ist. Das Kreuz wurde, wie im früheren Gipfelbuch zu lesen war, von einem bergbegeisterten »alten Knacker« aus eigenen Mitteln Ende September 1986 repariert, der auch den Gipfel-

buchkasten gebaut und angebracht hat. Es gibt doch noch Idealisten!

Zur tiefsten Kammeinsenkung zurückgekehrt steigen wir auf dem bezeichneten Weg zum *Vorderen Mühlberger Älpele* ab und von hier mit kurzem Gegenanstieg auf einem neuen Weg zur *Drehhütte.* Leider wurde er durch die Wirbelstürme von 1990 arg in Mitleidenschaft gezogen, er ist jetzt aber wieder gut begehbar. Von der Drehhütte geht es auf dem Versorgungssträßlein, dessen Kehren man auf schmalem Pfad abkürzen kann, zum Hüttenparkplatz und auf aussichtsreichem Wiesenweg mit hübschem Blick auf die Tannheimer Berge zum Ausgangspunkt zurück.

Die Schlüsselstelle am Franziskaner am Beginn des grasigen Bandes.

3 Gumpenkarspitze und Geiselstein

Ein wenig bekannter und ein sehr bekannter Gipfel von Ammerwald aus

Charakter: Die sehr lohnende, außerordentlich abwechslungsreiche Rundtour mit Besteigung zweier markanter Gipfel setzt am Geiselstein etwas Kletterfertigkeit (II), an der Gumpenkarspitze Übung im Grasschrofengelände voraus. Beide Gipfel nicht bei Nässe besteigen! Der Rückweg bietet auf dem Prinzregentensteig eine wildromantische Szenerie von großer landschaftlicher Schönheit. Er verlangt an einigen ausgesetzten Stellen konzentriertes und trittsicheres Gehen.
Ausgangsort: Parkplatz beim Hotel Ammerwald an der Straße Linderhof – Reutte, 1080 m.
Geeignete Zeit: Juni bis Oktober.
Gipfel: Gumpenkarspitze, 1910 m – Geiselstein, 1884 m.
Steighöhen und Gehzeiten: *Gesamttour:* 1520 m, 7½ bis 8½ Stunden; *ohne Geiselstein:* 1290 m, 6½ bis 7½ Stunden.

Dies ist eine der attraktivsten und landschaftlich vielseitigsten Rundtouren, die die Ammergauer Alpen zu bieten haben. Vom Hauptkamm der Hochplattengruppe, der von der Hochplatte über die Krähe zum Niederstraußbergsattel absinkt, löst sich am Gabelschrofensattel ein Seitenkamm, der das

eindruckvolle Dreigestirn Gabelschrofen – Gumpenkarspitze – Geiselstein trägt. Was die Trettachspitze für die Allgäuer Alpen, ist der *Geiselstein* für die Ammergauer: ein Felszahn aus hellem festem Wettersteinkalk, der Kletterrouten aller Schwierigkeitsgrade aufweist mit imposanten, bis 400 Meter hohen Wänden. Nur gut, daß die Kraft, die die Berge gestaltete, auch an den alpinen Normalverbraucher gedacht hat, indem sie die breite, durch eine wulstige Rippe geteilte Westrinne in den Bergkörper einbettete. Allerdings ist auch sie nicht ganz einfach, einige Stellen erfordern einen geübten Geher, der den zweiten Schwierigkeitsgrad sicher beherrscht. Seine schöne Form und die verhältnismäßig leichte Zugänglichkeit auf der Normalroute haben seit jeher dazu geführt, daß der Geiselstein häufig bestiegen wird, ja zum Modeberg geworden ist. Der an sich rauhe Fels ist entsprechend abgeklettert, manche Tritte sind dadurch stark geglättet, und die Besteigung ist deshalb bei Nässe sehr unangenehm, ja gefährlich und sollte bei solchen Verhältnissen tabu sein.

Diese Rundtour ist aber auch ohne den Geiselstein außerordentlich lohnend, denn da gibt es seine höhere Nachbarin, die *Gumpenkarspitze.* Sie erfreut sich noch weitgehender Einsamkeit, obwohl die Besteigung leichter ist und etwas bietet, was der Geiselstein nicht kann, nämlich den Blick auf den Geiselstein. Hier hat man es im wesentlichen mit steilem Gras und Grasschrofen zu tun, weshalb man auch die Gumpenkarspitze nur bei trockenem Boden angehen sollte. Das Gipfelbuch zeigt, wie wenig dieser Gipfel besucht wird.

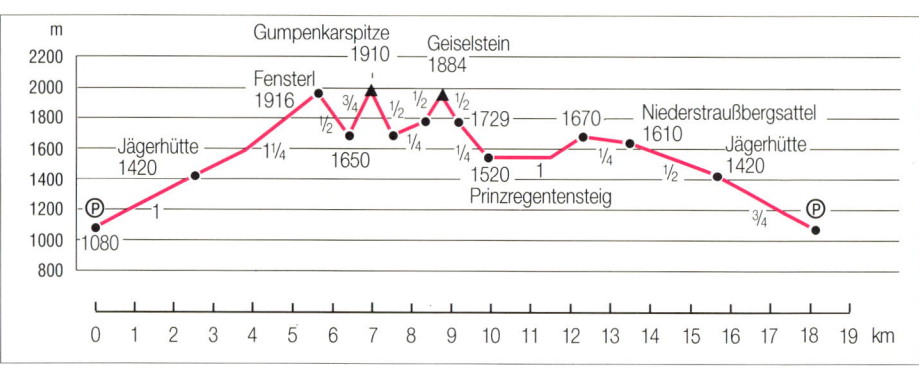

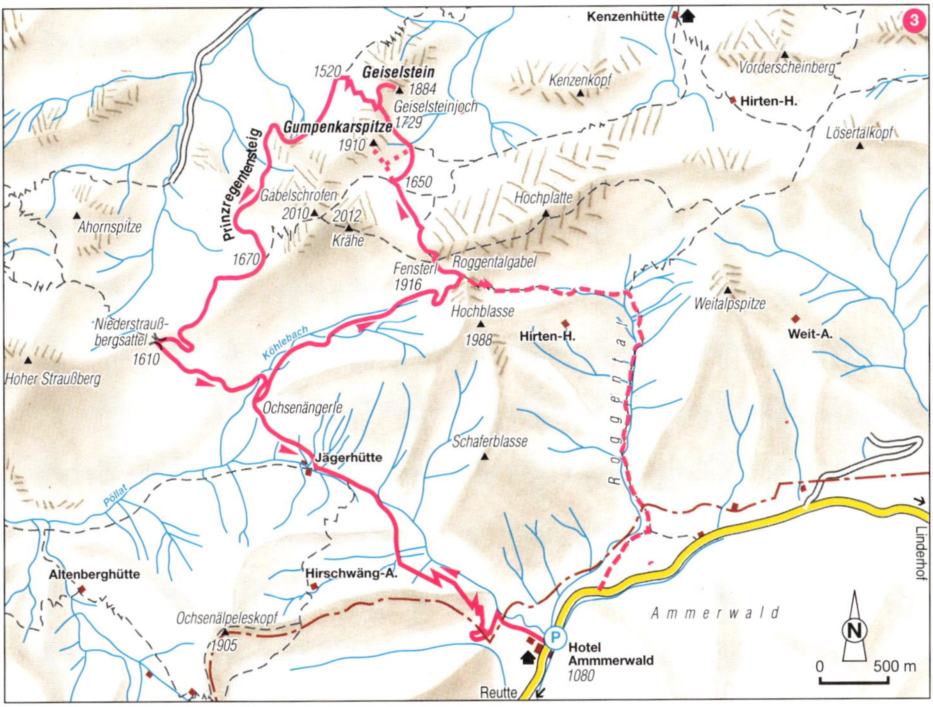

Aufstieg im Köhlebachtal zur Roggentalgabel, dem Einschnitt zwischen Hochplatte (links) und Hochblasse.

Abstieg ins Gumpenkar mit Blick
auf die Gumpenkarspitze

Der *Geiselstein* als Alleinziel wird meist vom Wankerfleck oder von der Kenzenhütte aus bestiegen. Das erfordert einen mehr als dreistündigen ziemlich eintönigen Anmarsch von Buching oder Halblech, wenn man nicht den von Halblech verkehrenden »Kenzenbus« benützt. Damit entgeht einem aber ein weiterer Höhepunkt der hier vorgestellten Rundtour, der *Prinzregentensteig,* der sich aus der Kenzen nicht sinnvoll in eine Tour einbeziehen läßt. Es ist ein an den Nordwesthängen von Gumpenkarspitze und Gabelschrofen elegant geführter markierter, offensichtlich wenig begangener Weg mit einer wilden Felsszenerie. Er quert etliche Steilrinnen und ist an zahlreichen ausgesetzten Stellen mit Drahtseilen gesichert, der schönste und landschaftlich attraktivste Höhenweg, den ich in den Ammergauer Alpen kenne.

Der Wegverlauf

Ausgangsort für die Rundtour ist der große *Parkplatz am Hotel Ammerwald* an der Straße Linderhof – Reutte. Erstes Ziel ist die *Roggentalgabel* unterhalb des Westrückens der Hochplatte. Für den Aufstieg dorthin gibt es zwei Möglichkeiten. Am schönsten ist es, vom oberen Ende des Parkplatzes zur nahen Landesgrenze zu gehen und hier auf schattigem Waldweg zum Schützensteigsattel mit der *Jägerhütte,* dann weiter Richtung Niederstraußbergsattel zum *Ochsenängerle* aufzusteigen, einem flachen Boden am Rand des Köhlebachtals. Kurz bevor der Weg zum Köhlebach einschwenkt, zweigt rechts der markierte Pfad zur Roggentalgabel ab, der wenig ansteigend über den Wiesenrücken am Rand des Bachtals, am Schluß in Kehren zur *Roggentalgabel,* dem Sattel zwischen Hochplatte und Hochblasse emporzieht.

Nur unwesentlich kürzer, aber steiler und mühsamer ist der Aufstieg hierher *durchs Roggental:* Vom Parkplatz Ammerwald folgt man 7 Minuten der Straße nach Linderhof, bis links ein breiter Forstweg abzweigt, der

Auf der Gumpenkarspitze.
Im Hintergrund der Gabelschrofen.

zum Eingang des Roggentals führt. Nun geht es auf schmalem Steig, mehrmals den Roggentalbach überquerend, zum Talschluß unter der breiten Südostflanke der Hochplatte und nach links hinauf zur *Roggentalgabel.*

Von der Roggentalgabel gelangen wir auf wenig ansteigendem Hangweg in zehn Minuten zum *Fensterl,* zwei Löchern im Fels an der Einsenkung zwischen Hochplatte und Krähe. Durch das rechte Loch zwängt sich der Steig auf die Nordwestseite, quert seilgesichert fast horizontal eine Plattenpassage und zieht dann über Schrofen und Geröll in Kehren, im unteren Teil durch grobes Blockwerk, hinunter ins *Gumpenkar,* wo er bald auf den vom Gabelschrofensattel herabkommenden Steig trifft. Genau an dieser Stelle ist der *Einstieg zur Gumpenkarspitze.*

Über dem hier ansetzenden Grashang erhebt sich eine Felswand, die dem Gipfel der Gumpenkarspitze vorgelagert ist. Noch unterhalb der Wand entragt ein Felsbug dem Grashang. Auf ihn steigen wir auf guten Tritten zu. Am günstigsten ist es, ihn links zu umgehen (die Umgehung rechts ist steiler). Dann streben wir rechts aufwärts einer Graskante zu, die eine mäßig steile grasige Abdachung einleitet. Von hier ab ist die Route

Übergang von der Gumpenkarspitze zum Geiselstein.

durch die Geländestruktur eindeutig vorgegeben und durch Trittspuren erleichtert. Der Gipfelkörper entsendet nach Nordnordost, parallel zum Kamm, mehrere Grasrücken. Den untersten haben wir jetzt gewonnen und steigen auf Trittspuren zur rechten Ecke der Felswand und an ihr vorbei über Grasschrofen, immer gut gestuft, zum obersten querlaufenden Rücken empor. Er geht gipfelseitig in eine Schrofenrippe über, auf der wir in leichter Kletterei rasch einen Absatz erreichen. Hier haben wir den Gipfel dicht vor uns. Eine Rechtskehre noch und über das leichte Schlußgratl, und schon ist es geschafft.

Wir stehen am winzigen Stahlrohrkreuz der *Gumpenkarspitze,* blättern im Gipfelbuch von 1967 und genießen die Stille, den Blick auf den hellen Kalkzahn des Geiselsteins und auf den dunklen schlanken Gabelschrofen auf der anderen Seite. Nach Westen schauen wir auf die Gipfel der Säulinggruppe mit Hohem Straußberg, Säuling und Branderschrofen. Über dem Gumpenkar begrenzt die Hochplatte das Blickfeld.

Abstieg durchs Fensterl ins Gumpenkar.

Genau auf der Anstiegsroute, immer auf die vorhandenen Trittspuren achtend, kehren wir zum untersten Grasabsatz zurück. Es ist vorteilhaft, von hier nicht auf der Anstiegsroute am Felsbug vorbei zur Einstiegsstelle abzusteigen, sondern nach links auf einem breiten Grasband zu dem zum *Geiselsteinjoch* hinüberziehenden Weg, wie dies auf der Karte angedeutet ist. Das Joch ist der Auftakt zu unserem nächsten Ziel, dem *Geiselstein*.

Wenn Sie sich den anfangs erwähnten Anforderungen gewachsen fühlen, gehen Sie's an. Der markierte Steig führt über Schrofen und Geröll unter der Westwand entlang zum Einstieg. Den Markierungen folgend steigt man auf der Rippe inmitten der Rinne steil, aber gut gestuft und griffig empor. Sie bäumt sich auf halber Höhe zu einer mehrere Meter hohen, durch zwei Stahlstifte gesicherten sehr steilen Stufe auf. Ein roter Punkt zeigt die vorgesehene Route an. Es ist die schwierigste Stelle, ein satter IIer. Leichter ist es jedoch, hier der Markierung nicht zu folgen, sondern nach rechts in die enge Steilrinne hineinzuqueren und dort die Stufe zu überwinden. Nach Rückkehr auf die Rippe geht es verhältnismäßig leicht über Schrofen zur Schulter unter dem Gipfelkopf und auf schmaler Steilrampe zum kurzen Schlußgrat und zum Kreuz. Das Gipfelbüchlein zeigt, daß der Geiselstein häufig bestiegen wird. Es ist ja auch eine recht ansprechende Kletterei in der Westrinne. Welche Freuden die anderen Wände bieten, wissen nur die Kletterer. – Auf der Normalroute steigen wir zum Geiselsteinjoch ab.

Der *Rückweg* wartet mit einem alpinen Leckerbissen auf, der diese Tour besonders lohnend macht, auch ohne den Geiselstein. Vom *Geiselsteinjoch* folgt man dem Weg Richtung Wankerfleck, der in vielen kurzen Kehren am locker bewaldeten Grashang zu einem Querweg hinabzieht. Nach rechts geht es zum Wankerfleck, links beginnt der *Prinzregentensteig* »nur für Geübte«, benannt nach dem bayerischen Prinzregenten Luitpold (1821–1912). Ob der Steig damals schon existierte und der Prinzregent ihn begangen hat, ist nicht bekannt. Jedenfalls ist seine Begehung ein fürstliches Vergnügen.

Der Prinzregentensteig verläuft zunächst mit wenig Auf und Ab im Höhenbereich zwischen 1520 und 1540 Metern, mitunter sehr schmal und ausgesetzt am Steilhang, ständig einen hübschen Blick hinab ins Lobental und auf die Gipfel der Säulinggruppe bietend, quert eine breite felsige Mulde, über der die gezackte Gratverbindung zwischen Gumpenkarspitze und Gabelschrofen aufragt, umgeht in ausholendem Bogen den Nordwestgrat des Gabelschrofens und steigt dann stetig zu dem vom Gabelschrofensattel herabkommenden Weg an. Der Steig ist nicht nur von großer landschaftlicher Schönheit, er verlangt auch einiges an Konzentration und Trittsicherheit, und er erspart zudem durch Umgehung des Gabelschrofensattels mehr als 200 Höhenmeter.

Auf guten Wanderwegen über *Niederstraußbergsattel* und *Jägerhütte* klingt diese schöne Rundtour aus.

4 Die Roggentalumrahmung

Von Ammerwald auf Weitalpspitze, Hochplatte und Hochblasse

Charakter: Eine landschaftlich reizvolle und sehr aussichtsreiche Kammtour über drei Gipfel, die bei Überschreiten der Weitalpspitze Orientierungssinn und Trittsicherheit verlangt. Am Westgrat der Hochplatte einige ausgesetzte drahtseilgesicherte Stellen. Sehr hübsch ist die abschließende Überschreitung der Hochblasse mit dem wenig bekannten Abstieg auf dem Westrücken.
Ausgangsort: Parkplatz am Hotel Ammerwald, 1080 m.
Geeignete Zeit: Juni bis Oktober (November).
Gipfel: Weitalpspitze, 1870 m – Hochplatte, 2082 m – Hochblasse, 1988 m.
Steighöhe und Gehzeit: 1200 m, 6 bis 7 Stunden.

Eine besonders attraktive und abwechslungsreiche Tour in den Ammergauer Alpen ist die Überschreitung der Berge, die das

Rückblick auf die Geierköpfe beim Aufstieg zur Weitalpspitze.

Roggental umrahmen: Weitalpspitze, Hochplatte und Hochblasse von Ammerwald aus. Die Hochplatte ist ein sehr beliebtes und vielbesuchtes Gipfelziel, während die beiden etwas niedrigeren südlich vorgelagerten Erhebungen, Weitalpspitze und Hochblasse, viel weniger bestiegen werden und gleichfalls lohnend sind, zumal die Weitalpspitze schon beim Aufstieg über den Südrücken sehr schöne Ausblicke auf die Geierköpfe gewährt, mit deren wilden Abbrüchen auf der Nordseite das wohl Alpinste, was die Ammergauer Alpen zu bieten haben. Die *Überschreitung der Weitalpspitze* bildet zudem einen besonders interessanten und kaum bekannten Zugang zur Hochplatte, zwar länger, aber jedenfalls abwechslungsreicher als der Aufstieg im Roggental. Die Durchführung der Tour in der vorgeschlagenen Richtung ist nach meiner Erfahrung günstiger als in der Gegenrichtung, weil die

Route auf den weglosen Abschnitten – Überschreitung der Weitalpspitze und der letzte Teil des Abstiegs von der Hochblasse – *so* leichter zu finden ist.

Der Wegverlauf

Ausgangspunkt für die Tour ist der große *Parkplatz am Hotel Ammerwald* in unmittelbarer Nähe der deutsch-österreichischen Grenze, den man über Schongau/Peiting nach der Ortsumfahrung Oberammergau oder über Oberau hinter Ettal in Richtung Linderhof abbiegend kurz nach der österreichischen Zollstelle erreicht; ebenso über Füssen/Reutte auf der *Planseestraße*. Vom Parkplatz wandern wir 550 Meter auf der Straße oder auf dem Fußweg daneben bis zu einem links abzweigenden breiten Forstweg, der durch Wald und Wiesen an den Fuß des Weitalpspitz-Südrückens heranführt. Der

*Die Geierköpfe vom »Karrenfeld«
unterhalb der Hochplatte.*

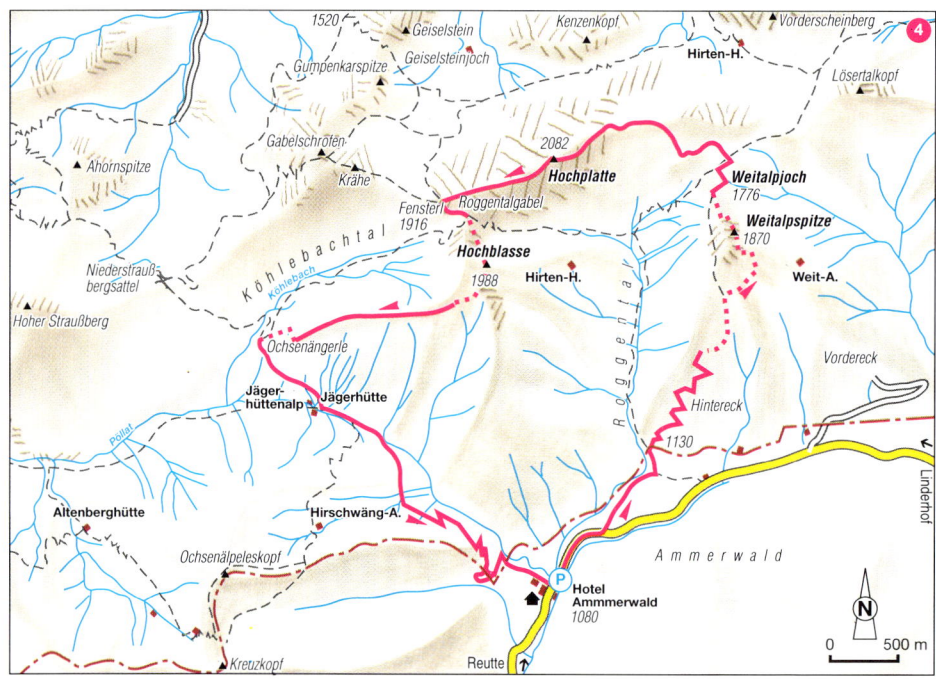

Weg biegt am Eingang des tief eingeschnittenen *Roggentals* (Schild »Naturschutzgebiet«) nach rechts ab. Wir folgen ihm noch vierzig Meter und steigen auf dem hier beginnenden, nicht markierten, aber deutlich erkennbaren grasigen Pfad empor. Er zieht nun in angenehmer Steigung mit vielen Kehren am breiten, ziemlich steilen bewaldeten Rücken hoch, mal mehr, mal weniger nach rechts ausholend, aber immer wieder an den ins Roggental abfallenden Hang zurückkehrend. Bei 1400 Meter Höhe erreichen wir einen Kahlschlag, ein abgeräumtes Windbruchgebiet, Hinterlassenschaft der Wirbelstürme von Anfang 1990. Der Kahlschlag wird seit 1994 kräftig aufgeforstet.

Auf dem jetzt freien Rücken löst sich unser Steig in Trittspuren auf, der Anstieg hier macht aber auch ohne Weg keine Schwierigkeiten. An einem neuen Jagdstand vorbei geht es auf dem licht bewaldeten grasigen Rücken mit hübschem Blick auf die immer mächtiger emporwachsenden Geierköpfe

Kleine Kletterstelle am Hochplatten-Westgrat.

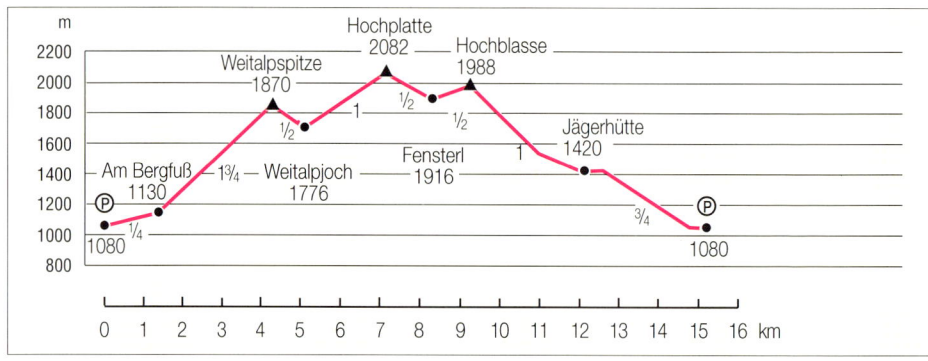

bergan. Bei 1700 Metern stoßen wir auf ein dichtes Latschenfeld, das den oberen Teil des Südrückens bis zum Gipfel überzieht. An der linken Seite bildet sich ein Steiglein aus. Es umgeht den Gipfel und führt unmittelbar zum Weitalpjoch.

Die Hochblasse über der Roggentalgabel.

Wir benützen jedoch einen Pfad, der einige Meter unterhalb der Latschenzone beginnt und zunächst leicht fallend, dann etwas ansteigend den Rücken nach rechts quert. Der auf der Wiese noch kaum erkennbare Pfad wird im Waldbereich gleich wieder deutlich. Nach etwa zweihundert Metern erreichen wir ein breites, zwischen Süd-

und Südostrücken eingebettetes Kar, das den weiteren Aufstieg vermittelt. Versuchen Sie nicht, schon vorher am Südrücken aufzusteigen. Natürlich wäre das die kürzeste Möglichkeit, aber die hier ansetzenden Gassen enden alle in dichtem Latschengestrüpp.

Am günstigsten ist es nun, nach Erreichen des Kars nicht in dem Hangstreifen unmittel-bar neben dem Südrücken aufzusteigen, sondern das Kar noch etwa 150 Meter weiter zu queren. Dort leitet eine deutliche Trittspur durch den schmalen Latschengürtel zum oberen Teil des Kars. Über Gras und Geröll geht es zum steileren oberen Abschluß, der nach links umgangen wird. Eine Steigspur führt hinauf zu einem roten Mar-

kierungspunkt. Dahinter zieht ein Schrofenband, das vorsichtiges Gehen erfordert, zum nächsten roten Punkt. Nach fast horizontaler Querung des Hanges auf schmalem Pfad gelangen wir nach links über Grasschrofen, immer gut markiert, zur Kammhöhe und gleich darauf zum kleinen Eisenkreuz auf dem Gipfel der *Weitalpspitze.*

Das Büchlein zeigt, daß die Weitalpspitze nicht eben häufig bestiegen wird und fast immer wohl vom Weitalpjoch her auf unserer Abstiegsroute. Wir haben einen freien Blick auf die Geierköpfe, auf die wuchtige Kreuzspitze links daneben und auf unsere nächsten Gipfelziele, Hochplatte und Hochblasse, die durch den Einschnitt der Roggentalgabel voneinander getrennt sind. Und aus der Tiefe des Tals grüßt das Hotel Ammerwald herauf.

Es gilt nun, auf dem Nordrücken zum Weitalpjoch abzusteigen. Unser erstes Ziel ist der latschenbewachsene, nach rechts steil abbrechende etwas niedrigere Vorkopf. Zuerst über leichte Schrofen, dann in kurzen Latschengassen und auf schmalen geröllbedeckten Tritten am Rand der Latschen – hier ist vorsichtiges konzentriertes Gehen unerläßlich – gelangen wir dorthin. Der Rücken fällt jetzt steil ab. Einige Höhenmeter über trockene Zweige, dann in einer gewundenen Rinne, am Schluß über Gras erreichen wir das erwähnte Umgehungssteiglein, das zum *Weitalpjoch* leitet.

Die etwas Orientierungssinn fordernden Abschnitte haben wir nun hinter uns. Vom Joch folgen wir dem markierten und beschilderten Weg zur *Hochplatte,* der durch einen an das Steinerne Meer in den Berchtesgadener Alpen erinnernden, meist bis in den Juni hinein von Schneezungen durchzogenen Karrengürtel mit seinen Kalkrippen und Spalten an den Gipfelkamm heranführt. Auf der stellenweise schmalen, teils seilgesicherten Schneide ist das *Gipfelkreuz* bald erreicht. Es steht etwas unterhalb des höchsten Punktes.

Die *Ammergauer Hochplatte* ist zu Recht ein beliebtes Ziel. Die Aussicht ist dank ihrer die Umgebung weit überragenden Höhe umfassend. Nach Süden ist sie ähnlich wie die von der Weitalpspitze, aber nach Nordwesten und Norden schauen wir über die

markanten Gipfel von Gabelschrofen, Gumpenkarspitze und Geiselstein weit ins Alpenvorland hinaus.

Hübsch ist die nun folgende Überschreitung am felsigen Westgratrücken. Vorsichtiges, trittsicheres Gehen im Felsbereich ist gefragt. Der gut gesicherte Steig umgeht nach dem höchsten Punkt die Grathöhe auf einem schmalen Felsband und zieht dann nach einer kleinen Kletterstelle wieder auf den Kamm, auf dem er mäßig steil zur Einsenkung zwischen Hochplatte und Krähe hinableitet. Hier, am *Fensterl,* zwei großen Felslöchern – durch das rechte Loch führt ein Steig ins Gumpenkar –, zweigt ein Weg ab, der mit wenig Auf und Ab in zehn Minuten zur Roggentalgabel hinüberzieht.

Vor uns liegt jetzt unser letztes Gipfelziel, die *Hochblasse.* Steigspuren erleichtern den Aufstieg über zwei gutgestufte Schrofenköpfe, und auch der grasige Gipfelaufschwung ist ohne Schwierigkeit schnell geschafft. Die breite Kuppe mit dem kleinen Kreuz lädt zur verdienten Rast ein.

Sehr schön und aussichtsreich ist der Abstieg über den langen Westrücken. Der sanft abfallende Grashang geht bald in den latschenbewachsenen gebuckelten Rücken über. Dort beginnt eine durchlaufende Latschengasse mit einem Pfad, der nicht zu verfehlen ist. Man hat ständig einen freien Blick auf die Ammergauer, Tannheimer und Lechtaler Bergwelt. Weiter unten, schon im Waldbereich, knickt der Pfad scharf nach rechts ab. Er löst sich in Trittspuren auf, die ins Köhlebachtal hinabführen. Wir folgen ihnen so weit, bis wir in grasigen Schneisen oder besser noch tiefer im freien Grasgelände nach Westen zum aus dem Köhlebachtal kommenden Weg absteigen können. Von hier ist es zur Jägerhütte und zur benachbarten, von Anfang Juli bis Mitte September einfach bewirtschafteten *Jägerhüttenalp* nicht mehr weit.

Von den Hütten geht es auf dem bequemen *Schützensteig* an einem Wasserfall vorbei und mit schönem Blick auf die Geierköpfe zum Parkplatz zurück. Dabei kann man die letzte nach rechts ausholende Kehre auf schmalem Steig an einem weißen Grenzstein vorbei abkürzen, wie dies in der Karte angedeutet ist.

5 Von der Scheinberg-spitze zum Hasentalkopf

Anspruchsvolle Kammtour mit Abstieg durchs Sägertal

Charakter: Eine landschaftlich sehr vielseitige, bergsteigerisch interessante, aber anspruchsvolle Tour, die besonders beim Abstieg von der Scheinbergspitze und im Bereich der Lammscharte Übung und Übersicht im Schrofengelände erfordert. Bei der Überschreitung des Lösertalkopfs nur Pfadspuren, erst ab Lösertaljoch markierte Wege. Schöne Ausblicke auf die Gipfel der Hochplattengruppe.

Eine Kombination der Touren 5 und 6 von der Scheinbergspitze über den Bäckenalmsattel zur Großen Klammspitze verlangt gute Kondition. Es sind dabei 1740 Höhenmeter zu bewältigen, und man muß mit 9 bis 9½ Stunden Gehzeit rechnen.

Ausgangsort: Parkplatz an der Sägertalbrücke, 1,7 km hinter der Zollstelle bei Linderhof, 980 m.
Geeignete Zeit: Juni bis Oktober.
Gipfel: Scheinbergspitze, 1926 m – Lösertalkopf, 1859 m – Hasentalkopf, 1797 m.
Steighöhe und Gehzeit: 1180 m, 6¼ bis 7 Stunden, bei Besteigung des Vorderen Scheinbergs ½ Stunde mehr.

Diese reizvolle und landschaftlich sehr vielseitige Rundtour gehört, obwohl ohne klettermäßige Schwierigkeiten, zu den anspruchsvollsten Touren dieses Buchs. Sie erfordert einen trittsicheren, mit steilem Gras und geröllbedeckten Schrofen vertrauten Geher mit Übersicht im teils weglosen Gelände. Bergwanderer, die diese Voraussetzungen erfüllen, erwartet bei der aussichtsreichen Kammtour ein schönes Bergerlebnis. Dabei werden drei Gipfel überschritten: Scheinbergspitze, Lösertalkopf und Hasentalkopf.

Konditionsstarke können die Tour über den Westteil des Klammspitzkammes aus-

Anstieg auf dem Ostrücken zur Scheinbergspitze.

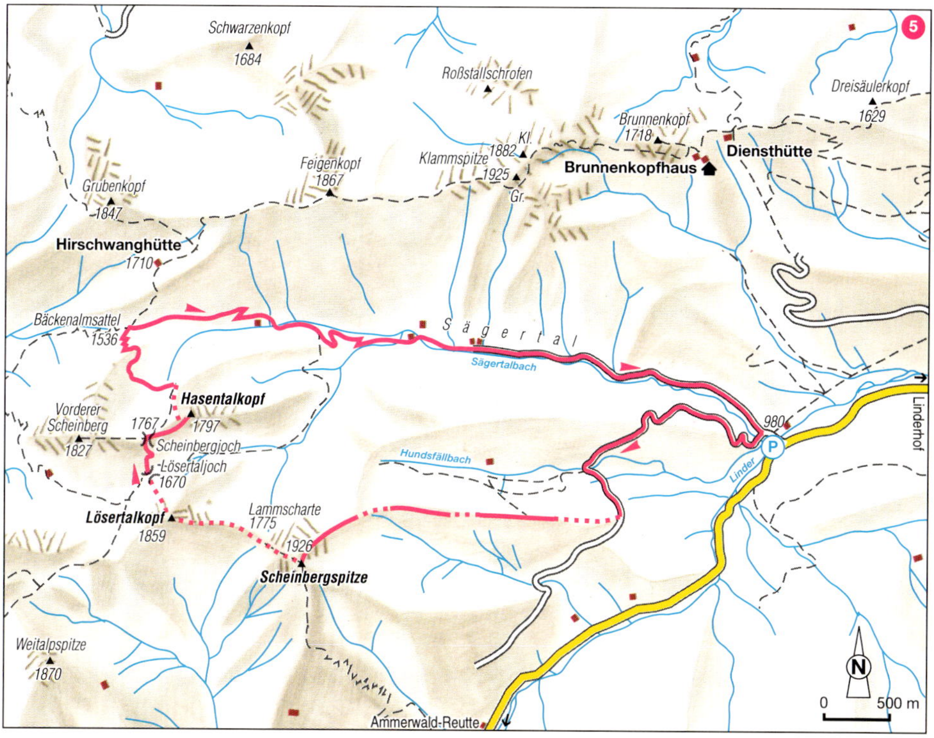

(Kartenausschnitt mit Orts- und Gipfelbezeichnungen:)

Schwarzenkopf 1684 · Roßställschrofen · Dreisäulerkopf 1629 · Feigenkopf 1867 · Klammspitze · Kl. 1882 · Gr. 1925 · Brunnenkopf 1718 · **Brunnenkopfhaus** · **Diensthütte** · Grubenkopf 1847 · **Hirschwanghütte** 1710 · Bäckenalmsattel 1536 · *Sägertal* · *Sägertalbach* · Vorderer Scheinberg 1827 · **Hasentalkopf** 1767 1797 · Scheinbergjoch · Lösertaljoch 1670 · *Hundsfällbach* · *Linder* · 980 · **P** · *Linderhof* · **Lösertalkopf** 1859 · Lammscharte 1775 1926 · **Scheinbergspitze** · Weitalspitze 1870 · N · 0 500 m · Ammerwald-Reutte

dehnen und zusätzlich den Feigenkopf und die Große Klammspitze (Tour 6) überschreiten. Das Tourenprofil ist für diese große Rundwanderung ausgelegt, enthält aber gleichzeitig die Angaben für die beiden Einzeltouren.

Der Wegverlauf

Ausgangspunkt ist der *Parkplatz am Austritt des Sägertals* an der Straße Linderhof – Reutte 1,7 Kilometer hinter der Zollstelle bei Linderhof. Der Aufstieg von hier zur Scheinbergspitze über Ostkamm und Nordostgrat ist viel interessanter als der übliche Weg von Süden. Vom Parkplatz überschreiten wir auf der *Sägertalbrücke* (Windirschbrücke) die Linder und folgen dann dem nach links abzweigenden Forstweg bis hinter die *Hundsfällbrücke*, wo der Weg an den Ansatz des

langen Ostrückens der Scheinbergspitze heranführt.

Am besten geht man von der Brücke noch etwa 300 Meter weiter und steigt dann im lichten Wald des Rückens weglos nach Westen empor. Das ist günstiger als die Benützung des 100 Meter hinter der Brücke abzweigenden Wegs oberhalb des Hundsfällbachs, von dem später auch nur ein kaum erkennbarer, nicht leicht zu findender Pfad auf den Rücken quert. Nach weglosem Anstieg im Bereich des Rückens treffen wir auf eine breite Schneise, in der meist deutliche Pfadspuren das Fortkommen erleichtern. Die Schneise führt über den ganzen Ostrücken bis an die Waldgrenze. Hier prägen sich die Pfadspuren zu einem Steiglein aus, das einen dem Gipfel vorgelagerten Latschenkopf umgeht und dann den ziemlich steilen Grataufschwung auf Grastritten und Schrofen, am Schluß in einer kurzen Rinne mit Sicherungsseil überwindet.

Die *Scheinbergspitze* bietet eine eindrucksvolle Aussicht. Im Süden und Südwesten bildet die Kreuzspitzgruppe mit den

Die Scheinbergspitze vom Aufstieg zum Scheinbergjoch.

Blick vom Aufstieg zum Vorderscheinberg auf den Hasentalkopf.

Gumpenkarspitze und Geiselstein vom Lösertaljoch.

Geierköpfen und der wuchtigen Kreuzspitze eine markante Kulisse. Dazwischen ragt die Zugspitze mit ihren Trabanten auf. Im Norden sehen wir Feigenkopf und Große Klammspitze, die letzten Gipfel der kombinierten Rundtour. Im Westen beherrscht die Hochplatte das Blickfeld, und nach Nordwesten zieht ein schrofiger, teilweise dicht mit Latschen bedeckter Kamm hinüber zu unserem nächsten Ziel, dem *Lösertalkopf.*

Dieser nun folgende Übergang ist der anspruchsvollste Abschnitt der Tour. Zunächst steigen wir auf Trittspuren am steilen Rücken in dem schmalen Streifen zwischen dem Latschengürtel und den rechtsseitigen Geröllhängen, mitunter in Latschengassen ausweichend, vorsichtig und konzentriert in die scharf eingeschnittene *Lammscharte* ab,

das letzte Stück in leichter Schrofenkletterei. Über der Scharte bäumt sich der Ostkamm des Lösertalkopfs in einer senkrechten Felsstufe auf. Wir können sie rechts oder links umgehen, rechts in steilem, grasdurchsetztem Geröll, links auf schmaler Felsrampe.

Bei der Umgehung rechts ist es zweckmäßig, bis zum Ende der Geröllhalde abzusteigen und so im Gras die vom Anfang des Kammes herabziehenden Schrofenrippen zu umgehen. Die Überquerung der brüchigen Rippen gleich unterhalb der Scharte ist heikel und dauert eher länger.

Ich habe immer die Umgehung links über die Felsrampe vorgezogen, die kaum Höhe verliert und sicherer ist. In ganz leichter Kletterei gewinnen wir das Ende der Rampe und steigen auf einigen steilen Tritten in ei-

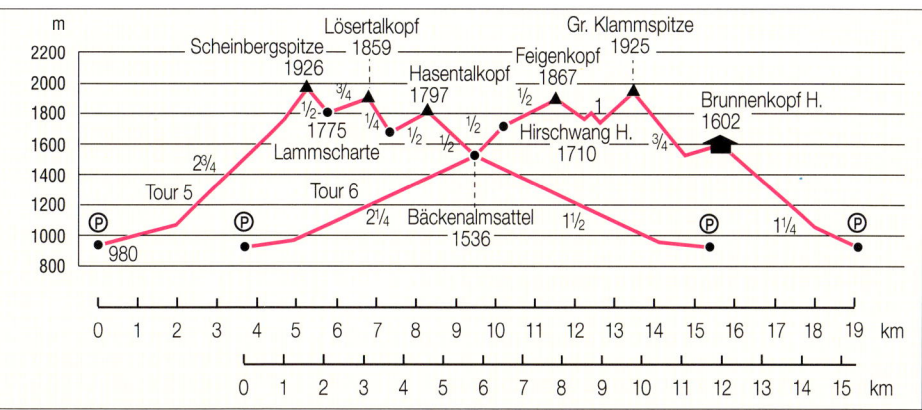

ner Latschengasse zum Kamm empor, den wir nur ein kurzes Stück beibehalten, bis sich eine Abstiegsmöglichkeit nach rechts auf die teils grasige, teils geröllige latschenfreie Nordflanke bietet. Über den schmalen Schrofengürtel geht es ein paar Höhenmeter hinab. Hier treffen die Routen der rechten und linken Umgehung zusammen. Eine deutliche Pfadspur leitet nun unterhalb des latschenbedeckten Kammes, mehrmals Geröllzungen querend, zu einem breiten Grashang, wo wir bis fast zur Kammhöhe ansteigen und dann im Kammbereich zum Ansatz des Gipfelaufschwungs des Lösertalkopfs gehen. Am besten benützt man nun die links abzweigende Latschengasse und steigt an deren Ende auf Grasplanken zum Gipfel des *Lösertalkopfs*. Auch der Anstieg rechts vom Kamm auf schmalem Geröllpfad ist möglich.

Über den schrofigen, teils gerölligen Nordgratrücken steigen wir zu dem vom Gipfel sichtbaren *Lösertaljoch* ab, zunächst einige Höhenmeter zu einem kleinen Sattel, umgehen den Vorkopf links in feinem Geröll und halten uns dann immer an Trittspuren auf dem Rücken. Am Joch treffen wir auf den von der Kenzen kommenden markierten Weg, der in kurzen Kehren zum *Scheinbergjoch* zwischen Vorderem Scheinberg und Hasentalkopf hinaufleitet.

Hier besteht die Möglichkeit, mit einer halben Stunde Mehraufwand den *Vorderen Scheinberg* auf deutlichem Steig über den stellenweise etwas ausgesetzten Ostgrat zu besuchen. Der Vordere Scheinberg bietet eindrucksvolle Ausblicke auf die Hochplatte

mit ihren Trabanten und auf den *Hasentalkopf*. Meist wird man vom Scheinbergjoch gleich den Hasentalkopf angehen, vor allem, wenn man die große Rundtour über die Klammspitze eingeplant hat. Ein Steiglein führt auf dem netten, mit einigen Felsköpfen besetzten wenig ansteigenden Grat die Köpfe teils links umgehend zum grasigen, nach Norden mit senkrechter Wand abbrechenden Gipfel. Ein idealer Rastplatz mit schöner Aussicht.

Auf Grastritten steigen wir über den Nordrücken ab, der zunehmend verflacht, und erreichen rasch den vom Scheinbergjoch herabkommenden Weg. Er zieht am Rand des »Kessels« entlang, einem fast kreisrunden sechzig Meter tiefen Dolinentrichter mit einem winzigen See am Grund, quert einen dicht mit Alpenrosen überzogenen Hang – zur Blütezeit Anfang Juli eine Augenweide – und leitet schließlich in vielen Kehren zum *Bäckenalmsattel* hinab, der Einsenkung zwischen Vorderem Scheinberg und Klammspitzkamm. Er bildet die Trennfuge der Touren 5 und 6.

Wir können nun entweder unsere Tour über Feigenkopf und Klammspitze fortsetzen (Tour 6) oder durchs Sägertal zum Ausgangspunkt zurückkehren, was nach der bis hierher schon ziemlich anstrengenden Tour das Normale sein wird.

Der eineinhalbstündige Abstieg durchs *Sägertal* führt zunächst auf schmalem Pfad durch eine üppige Pflanzenwelt, passiert einen kleinen Ahornwald und mündet bald darauf in eine Forststraße, die uns am Sägertalbach entlang zum Parkplatz zurückleitet.

Gipfelrast auf dem Hasentalkopf. Blick auf die Hochplatte und den nahen Vorderscheinberg.

Klammspitzkamm

Es ist die längste und schmalste Berggruppe der Ammergauer Alpen. Fast schnurgerade von Westen nach Osten zieht der 17 Kilometer lange Kamm vom Firstberg über Grubenkopf und Feigenkopf zur Großen

Klammspitze, der höchsten Erhebung mit der benachbarten Kleinen Klammspitze; weiter über Brunnenkopf, Dreisäulerkopf, Hennenkopf, Laubeneck und Teufelstättkopf zum weiten Sattel beim Pürschling, steigt noch einmal zum Sonnenberg an und sinkt dann über Zahnmassiv, Brunnberg und Rappenköpfe ins Ammertal ab. Nur der schroffe, nach Norden vorgeschobene Felszahn des

Große und Kleine Klammspitze über dem Wintertal.

Kofel, das markante Wahrzeichen von Oberammergau und einige untergeordnete, dem Westteil der Kette nördlich vorgelagerte Gipfel, von denen der Schwarzenkopf der auffallendste ist, tanzen ein wenig aus der Reihe.

Die Gruppe ist durch ein gut ausgebautes Wegesystem und zwei Hütten, Brunnenkopfhaus und Pürschlinghaus, bestens erschlossen. Sie gliedern den langen Kamm in drei Abschnitte: der westliche Teil mit der beliebten und vielbesuchten Großen Klammspitze wird meist vom Brunnenkopfhaus angegangen, im mittleren Abschnitt, zwischen den beiden Hütten, ist der Teufelstättkopf der am häufigsten besuchte Gipfel (mit nur halbstündigem Aufstieg vom Pürschlinghaus), im östlichen Teil der Kofel, der von Oberammergau aus am schnellsten zu erreichen ist. Wesentlich attraktiver als die Besteigung dieser einzelnen Gipfel ist jedoch die Überschreitung der drei Kammabschnitte, die bei den Touren 6, 7 und 8 ausführlich beschrieben ist.

6 Feigenkopf und Große Klammspitze

Abwechslungsreiche Rundtour –
mal nicht von Linderhof aus

Charakter: Diese abwechslungsreiche Kammwanderung auf markierten Wegen und Steigen erfordert beim Übergang vom Feigenkopf zur Großen Klammspitze sicheren Tritt an einigen schrofigen Stellen, ebenso beim Abstieg ins Wintertal. Bei dem kaum bekannten Abstieg vom Brunnenkopfhaus direkt zum Parkplatz an der Sägertalbrücke führt die Route im letzten Abschnitt weglos aber ohne Schwierigkeit über einen bewaldeten Rücken ins Tal. Hier ist ein wenig Orientierungsvermögen gefragt.
Ausgangsort: Parkplatz an der Sägertalbrücke, 1,7 km hinter der Zollstelle bei Linderhof, 980 m.
Geeignete Zeit: Juni bis Oktober.
Gipfel: Feigenkopf, 1867 m – Große Klammspitze, 1925 m.
Stützpunkt: Brunnenkopfhaus, 1602 m, bewirtschaftet von Mai bis Oktober.
Steighöhe und Gehzeit: 1110 m, 6 bis 6½ Stunden, bei Besteigung des Grubenkopfs ¾ Stunden mehr.
Tourenprofil: Siehe Seite 55.

Ausgangspunkt für diese schöne Rundtour ist wie bei Tour 5 der Parkplatz an der Sägertalbrücke, 1,7 km hinter der Zollstelle bei Linderhof. Es ist eine aussichtsreiche Kammwanderung auf markierten Wegen, die nur beim Übergang vom Feigenkopf zur Klammspitze und beim Abstieg von dort im Gipfelbereich einige kurze ganz leichte Kletterstellen aufweist. Im letzten Abschnitt vom Brunnenkopfhaus zum Parkplatz ist ein wenig Orientierungssinn gefragt.

Große und Kleine Klammspitze vom Feigenkopf.

Beim Aufstieg vom Bäckenalmsattel zum Feigenkopf bietet sich ein hübscher Durchblick auf den Geiselstein.

Die Touren 5 und 6 haben den selben Ausgangspunkt und können zu einer großen Rundtour kombiniert werden, die dann den Weg über das Sägertal nicht benutzt. Das für beide Touren gemeinsame Höhenprofil befindet sich bei Tour 5 auf Seite 55.

Der Wegverlauf

Vom *Parkplatz* gehen wir über die *Sägertalbrücke* zur Wegverzweigung und wandern auf der ins *Sägertal* führenden Forststraße, wie in der Karte aufgezeigt, weiter oben auf schmalem Pfad durch üppige Vegetation hinauf zum *Bäckenalmsattel*. Von hier geht es auf einem steilen Serpentinenweg zu einer sanft geneigten Hochfläche, auf der die kleine *Hirschwanghütte* steht. Vorher, an einer Wegkehre, bietet sich ein besonders hübscher Blick auf Krähe, Gabelschrofen, Gumpenkarspitze und Geiselstein. Von der Hirschwanghütte zieht unser Weg am mäßig steilen Hang zur Kammhöhe und zum langgestreckten *Feigenkopf*.

Wir können aber zuvor den durchaus lohnenden *Abstecher zum Grubenkopf* machen. Ein kleiner, unweit der Hütte nach links abzweigender Steig führt an einer Tränke vorbei ohne Schwierigkeit in einer halben Stunde zum schön geformten, aussichtsreichen Gipfel mit Kreuz und Buch.

Beim Übergang zum Feigenkopf brauchen wir nicht mehr zum Weg zurückzugehen, sondern können einen im Sattel beginnenden Pfad benützen, der unterhalb des Westrückens verläuft und bald auf den von

Rückblick auf den Feigenkopf beim Übergang zur Großen Klammspitze.

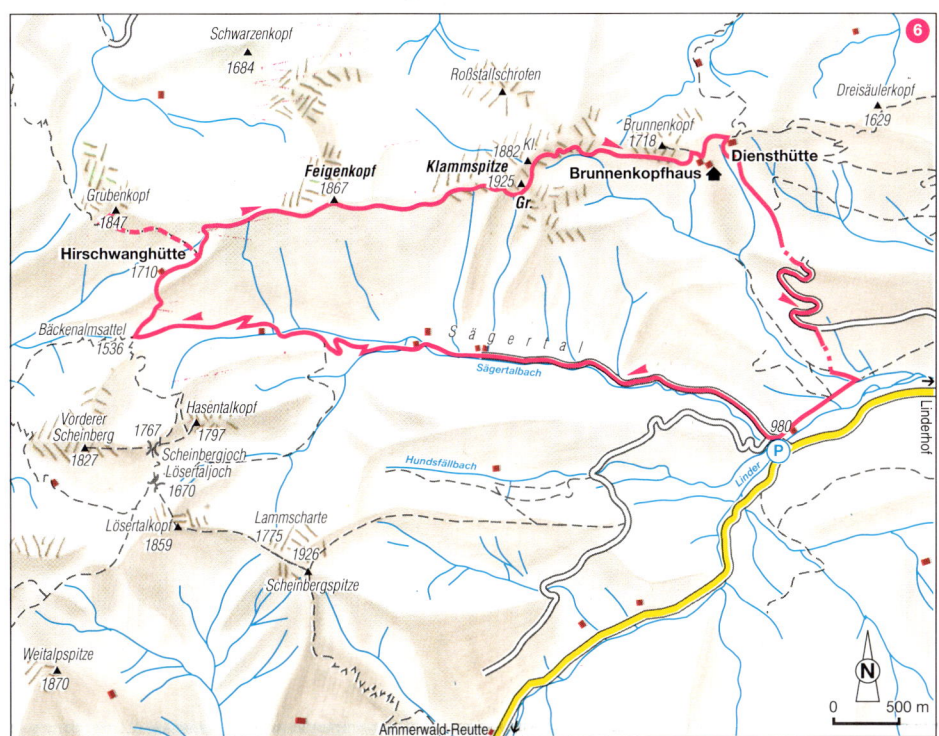

der Hirschwanghütte heraufkommenden Weg trifft.

Der Weiterweg vom Feigenkopf zur *Klammspitze* führt zunächst steil hinab in einen Sattel, dann über einige schrofige, teils seilgesicherte Stellen, überquert einen latschenbewachsenen Kopf und zieht dann an den Südhängen unterhalb der Kammhöhe, mitunter schmal und etwas ausgesetzt, zur letzten Einsattelung vor der Klammspitze, deren Gipfel von hier bald erreicht ist.

Die Große Klammspitze ist ein beliebter, vom Brunnenkopfhaus häufig bestiegener Aussichtsgipfel. Hübsch ist der Blick hinunter ins Graswangtal mit dem Estergebirge im Hintergrund, auf die Kreuzspitzgruppe im Süden und auf den nahen, etwas niedrigeren Felsgipfel der Kleinen Klammspitze. Ihre Besteigung auf der leichtesten Route über den Ostgrat ist interessant, aber schwieriger (II).

Auf gutem Steig, im Gipfelbereich über kurze Schrofenstufen, gelangen wir hinab ins *Wintertal* und von dort in leichtem Gegenanstieg zum vom Mai bis Oktober bewirtschafteten *Brunnenkopfhaus.* Hierher

und zur Großen Klammspitze wird im allgemeinen von Linderhof aufgestiegen.

Der nun folgende Abstieg zum Parkplatz an der Sägertalbrücke wird daher für viele etwas Neues bieten. Zunächst gehen wir auf dem breiten Weg Richtung Linderhof bis zu der kleinen *Diensthütte,* vor der ein schmaler, aber deutlicher Pfad nach rechts abzweigt. Er führt nach Abstieg am freien Hang in den Waldbereich und wendet sich dort an einem Baum mit rotem Pfeil scharf nach links, eine Abstiegsmöglichkeit nach Linderhof. Genau an dieser Stelle verlassen wir den Weg und folgen geradeaus einem verwachsenen Pfad, der kurz danach auf eine breite, 1994 für den Abtransport von Baumstämmen angelegte Traktorspur trifft. Sie hat den vorher hier vorhandenen Pfad völlig verwischt. In und neben der mitunter tief eingegrabenen Spur erreichen wir bald das Ende einer gewundenen Forststraße, auf der wir unseren Abstieg fortsetzen.

Etwa 300 Meter hinter der letzten scharfen Linkskurve, von der ab die Straße ziemlich geradlinig Richtung Linderhof zieht, biegen

**Blick vom Gipfel der Großen Klammspitze
auf die Berge der Hochplattengruppe.**

wir nach rechts auf eine grasige Traktorspur ab, die sich allerdings bald verliert, und steigen nun auf der rechten Seite des mit Erlengebüsch und einzelnen Fichten bewachsenen Rückens weglos ab. Wir erreichen so nach fünfzehn Minuten von der Forststraße einen talwärts führenden Weg, der wenig später in den breiten von Linderhof kommenden Fahrweg mündet. Er leitet uns, wie aus der Karte ersichtlich, zu unserem Ausgangspunkt zurück.

7 Vom Dreisäulerkopf zum Pürschling

Von Linderhof über den mittleren Abschnitt des Klammspitzkammes

Charakter: Die Überschreitung des mittleren Teils des Klammspitzkammes bietet schöne Ausblicke hinab ins Graswangtal und über die Vielfalt der Ammergauer Alpen hinweg bis zum Zugspitzmassiv. Sie vollzieht sich vorwiegend auf markierten Wegen, erfordert aber an einigen Stellen vorsichtiges trittsicheres Gehen. Die Besteigung des Pürschlingkopf-Westgipfels verlangt etwas Kletterfertigkeit.
Ausgangsort: Parkplatz Linderhof, 930 m.
Geeignete Zeit: (Mai) Juni bis Oktober.
Gipfel: Dreisäulerkopf, 1629 m – Hennenkopf, 1768 m – Laubeneck, 1758 m – Teufelstättkopf, 1758 m – Pürschlingkopf, 1566 m.
Stützpunkt: Pürschlinghaus, 1564 m, ganzjährig bewirtschaftet außer April und November.
Steighöhen und Gehzeiten: *Gesamttour:* 1200 m, 7 bis 7½ Stunden;
ohne Pürschlingkopf: 1160 m, 6½ bis 7 Stunden;
nur Hennenkopf, Laubeneck und Teufelstättkopf: 1100 m, 6¼ bis 6¾ Stunden.

Beim Aufstieg zum Hennenkopf. Rückblick auf die Klammspitzen.

Der mittlere Teil des Klammspitzkammes zwischen Brunnenkopfhaus und Pürschlinghaus ist diesmal unser Ziel. Die drei höchsten Erhebungen Hennenkopf, Laubeneck und Teufelstättkopf fallen schon bei der Anfahrt von Schongau/Peiting auf. Bereits an der Echelsbacher Brücke, mehr noch bei der Weiterfahrt im Bereich Wurmansau treten die drei Gipfel markant aus dem bewaldeten Kamm hervor, links der spitzige Teufelstättkopf, dann das Laubeneck mit seinem hohen senkrechten Ostabbruch, rechts schließlich der Hennenkopf, ein aus den Latschen herausragender felsiger Buckel.

Die Überschreitung dieser Gipfel, die sich durch den selten bestiegenen Dreisäulerkopf lohnend ergänzen läßt, ist leicht und sehr reizvoll. Der Kamm ist nicht so überlaufen, wie man der guten Erreichbarkeit wegen meinen möchte, denn meist wird nur der südseitig weit unterhalb der Kammhöhe verlaufende Verbindungsweg zwischen den beiden Hütten begangen, dessen Erlebniswert bei weitem nicht an den der Kammüberschreitung heranreicht. Sie ist im allgemeinen ab Anfang Juni problemlos möglich. Wichtig: Die Querung unterhalb des Laubeneck-Ostabbruchs sollte schneefrei sein, was man bereits bei der Anfahrt erkennen kann.

Der Wegverlauf

Ausgangsort ist *Linderhof* an der Straße Ettal – Reutte. Man parkt am hinteren Ende des großen gebührenpflichtigen Schloßparkplatzes hinter dem Bach. Die Durchfahrt dorthin ist Bergsteigern gestattet. Hier beginnt der breite Weg zu den Brunnenkopfhäusern. Er führt zunächst am Bach mit vielen niedrigen Kaskadenstufen entlang, überquert ihn auf einer Brücke oder weiter oben auf Steinen und strebt dann nach Kreuzen einer Forststraße in langgestreckten Kehren mit hübscher Aussicht im oberen Teil auf Kreuzspitze und Geierköpfe dem Kamm zu. Noch ein Stück unterhalb der Kammhöhe zweigt dort, wo links eine grasige Kuppe erscheint, der Weg zu den Pürschlinghäusern ab. Die Beschilderung ist durch Bäume verdeckt, so daß man die Abzweigung leicht übersieht.

Der schmale Steig führt in ausholendem Bogen um den *Dreisäulerkopf* herum. Viel schöner ist es, statt der Umgehung den

Der Gipfelaufbau des Hennenkopfs von Westen.

Dreisäulerkopf zu überschreiten. Ein kleines Stück hinter der Stelle, wo der Steig nach Abzweig vom Brunnenkopfweg erstmals ganz kurz auf der Kammhöhe verläuft und eine nach rechts zu einem Felsköpfchen ziehende Bodenwelle quert, setzt der Südwestrücken des Dreisäulerkopfs an, der den Aufstieg vermittelt. Über den mäßig steilen Rücken geht es auf Trittspuren zum Kamm, der sich einige Male schmal zusammenschnürt. Ein markanter Felsbug wird rechts umgangen, dahinter gleich wieder zum Kamm aufgestiegen. Nach einer kleinen Einsenkung gelangt man auf dem nun breiten Rücken zum höchsten Punkt. Dieser Aufstieg über den Südwestrücken ist leicht und recht hübsch, auch wenn man sich mitunter durch Unterholz zwängen muß. Dort oben findet man ganz gewiß ein einsames und trotz der Bewaldung aussichtsreiches Plätzchen. Beim Abstieg am Ostrücken, der dicht unterm Gipfel kurz nach links ausbiegt, bleibt man unmittelbar am Kamm und erreicht auf Trittspuren, das letzte Stück etwas ausgesetzt, ohne Schwierigkeit den markierten Weg. Man kann auch vor dem letzten schmalen Gratabschnitt auf Grasplanken zum sichtbaren Weg absteigen.

Unser nächstes Ziel ist der *Hennenkopf,* mit 1768 Metern die höchste Erhebung dieser Tour. Der Weg tritt nach einigen Minuten aus dem Wald und quert nun die Grashänge des Hennenkopf-Westrückens. Ein schmaler Pfad zweigt vom Hauptweg ab (Schild »Hennenkopf«), zieht in mehreren Kehren zum Kamm und hier über kurze Aufschwünge zu einem von Felsen umrahmten Kessel, in den man über Blockwerk einsteigt. Von hier sind es nur noch einige Minuten zum Gipfel mit Kreuz und Buch.

Schöner und etwas kürzer ist es, statt auf dem Normalweg über den gesamten Westrücken aufzusteigen. Am Ansatz des Rückens zweigt ein nicht markierter, aber deutlicher Pfad ab, der auf der Kammhöhe aussichtsreich über einige kleine schrofige Aufschwünge führt und später auf den von rechts heraufkommenden Weg trifft. Auf ihm geht es, wie schon beschrieben, zum Gipfel des Hennenkopfs.

Eine großartige Aussicht erwartet uns. Wir schauen hinab auf die Schloßanlagen und

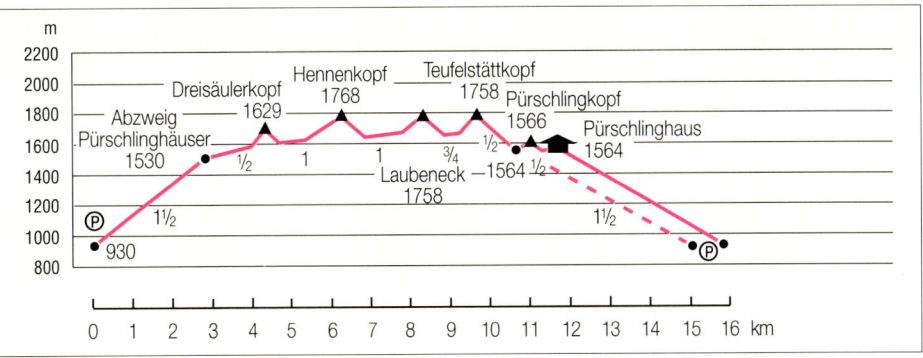

die blaßgrünen Dächer von Linderhof. Über dem Tal der Linder ragen die markanten Felsgipfel der Kreuzspitzgruppe empor. Im Westen bilden die Hochplattengruppe und die Klammspitzen eine eindrucksvolle Kulisse, und im Norden blickt man über grüne Hügelketten weit ins Alpenvorland hinein.

Für den Abstieg vom nach Osten und Süden steil abfallenden Hennenkopf haben wir zur Fortsetzung unserer Tour mehrere Möglichkeiten. Am einfachsten ist es, auf dem Anstiegsweg so weit zurückzugehen, bis unterhalb des blockigen Kessels ein Steiglein nach links abzweigt, das die südseitigen Abbrüche umgeht.

Kürzer und gleichfalls leicht ist der weglose Abstieg in der grasigen, nach Osten weisenden latschenfreien Rinne, an deren Fußpunkt man unterhalb der Felsen nach rechts zum Weg quert.

Interessanter, allerdings auch anspruchsvoller ist der direkte Abstieg durch die Südostflanke. Am Gipfel führen Trittspuren in die Flanke hinein. Sie leiten über einige Schrofen in einer Schneise oberhalb der ungangbaren Abbrüche schräg abwärts so weit, bis man zu einem nach rechts ziehenden, einige Meter tiefer beginnenden Grasband absteigen kann. Es ist von einer kurzen Steilrinne unterbrochen. Auf ausgeprägten

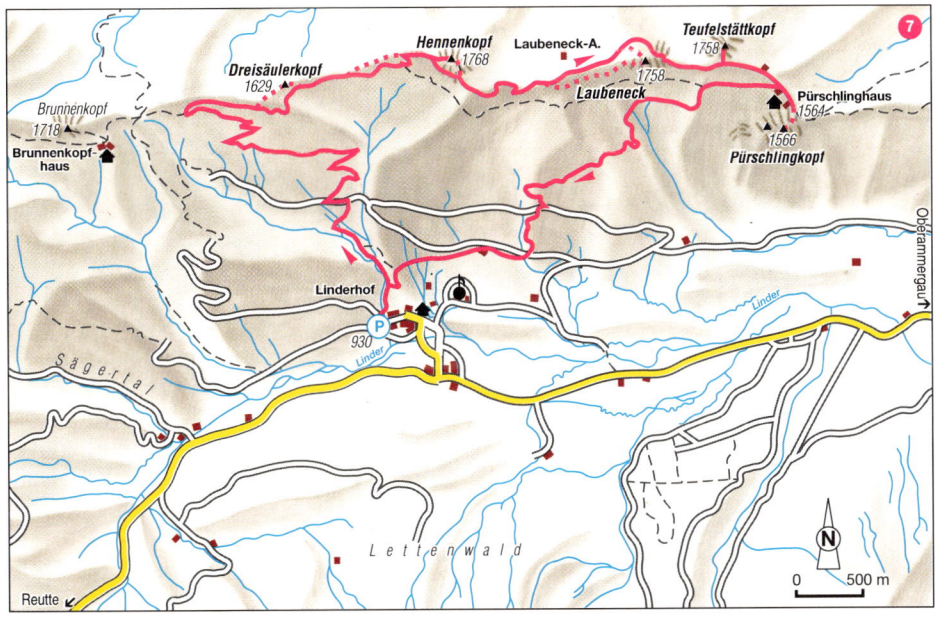

Tritten gelangt man zu deren oberem Ende. Jenseits geht es in gleicher Richtung durch den engen Spalt zwischen einer Fichte und der Wand zu einer schmalen Rinne, in der man auf gutgestuften Schrofen rasch den Grashang am Fuß der Felsen gewinnt. Der Abstieg in der zuvor gequerten Steilrinne ist schwieriger und bei Nässe auf jeden Fall zu meiden. Das letzte Stück über ein griffiges Wandl ist dabei mäßig schwierig (II). Diese Abstiegsmöglichkeiten sind in der Karte angedeutet.

Beim Übergang zum *Laubeneck* folgen wir dem gewundenen Pfad, der über die Buckel des Kammes zum Ansatz des Laubeneck-Westrückens hinabzieht. Der Pfad umgeht den untersten, dicht von Latschen überzogenen Teil des Rückens rechts, leitet steil auf den Rücken, folgt ihm kurz und quert dann die Nordhänge, führt also nicht auf den Gipfel. Wir verlassen ihn im Bereich eines breiten, schräg zum Kamm ziehenden Grasstreifens und steigen nun über den obersten Abschnitt des Westrückens zum höchsten Punkt auf.

Interessanter und schöner ist der Aufstieg über den gesamten Westrücken. Dort, wo der Weg die Kammhöhe verläßt, steigen wir auf Trittspuren am Rücken weiter empor und gelangen hier aussichtsreich über Grasschrofen und einige blockige Stellen ohne Schwierigkeit zum Gipfelkreuz.

Das Laubeneck bricht mit einer hohen senkrechten Wand nach Osten ab. Sie wird nordseitig umgangen. Dazu steigen wir durch Latschengassen zum Weg ab, der auf schmalem etwas ausgesetztem Band unter den Felsen entlangführt. Nicht mehr weit ist es nun zum *Teufelstättkopf,* dem letzten Gipfelziel unserer Kammtour. Vom Weg nach links abzweigend zieht ein Steig durch blockiges Gelände, dann in einer engen Rinne mit Drahtseilsicherung in ganz leichter Kletterei auf das nette Felsköpfchen mit schöner Rundumsicht.

Vom Teufelstättkopf ist das *Pürschlinghaus* (August-Schuster-Haus) bald erreicht.

Rückblick auf den Laubeneck-Ostabbruch beim Übergang zum Teufelstättkopf.

Die außer im April und November ganzjährig bewirtschaftete, schön gelegene und vielbesuchte Hütte bietet willkommene Stärkung nach unserer doch ziemlich langen Kammtour.

Bevor Sie sich dem Abstieg nach Linderhof zuwenden, sollten Sie einen kleinen Abstecher auf den nahen doppelgipfligen *Pürschlingkopf* machen. Er ist zwar kaum höher als der Standort der Hütte, gewährt aber einen sehr hübschen Blick hinab ins Graswangtal und entschädigt durchaus für die geringe Aufstiegsmühe. Den Sattel davor erreichen wir auf Trittspuren, die links von der kleinen auf einer Felsschulter stehenden Hütte fünfzig Meter südlich vom Pürschlinghaus beginnen. Der linke östliche Kopf läßt sich sehr einfach über Geröll und Schrofentritte besteigen. Anders der gleichhohe westliche Kopf. Er verlangt Übung und mäßig schwierige Kletterei: Man quert in den Einschnitt zwischen beiden Gipfeln und steigt in der hier ansetzenden Schrofenrinne an einem Felsfenster vorbei zu einem Schärtchen empor. Das kleingriffige Wandl wird in einer kurzen Linkskehre erklettert. Dann geht es über geröllbedeckte Schrofen, die vorsichtiges Gehen erfordern, zum höchsten Punkt. Auf der Anstiegsroute steigen wir zur Hütte ab.

Der *Rückweg nach Linderhof* ist beschildert. Wir benützen zunächst den Verbindungsweg Pürschlinghaus – Brunnenkopfhaus, von dem nach fünfzehn Minuten der ins Tal führende Weg abzweigt. Das Schild »Linderhof« ist ein bißchen unglücklich angebracht. Man erkennt es erst, wenn man unmittelbar an der Abzweigung steht. Gegenüber, auf der rechten Wegseite, befinden sich zwei unübersehbar große Schilder »Brunnenkopf – Pürschling«. Laufen Sie also nicht daran vorbei. Dieser schmale, nicht besonders gut markierte Abstiegsweg ist nicht vergleichbar mit dem breiten Aufstiegsweg zum Brunnenkopfhaus. Die Wegführung ist zwar logisch, aber in Anpassung an das Gelände ziemlich verwickelt. Bei Schneeauflage, wie sie Anfang Mai durchaus gegeben sein kann, ist die Route kaum zu finden. Machen Sie die Tour daher erst, wenn zumindest an den Südhängen keine größeren zusammenhängenden Schnee-

Die Pürschlinghäuser mit den Pürschlingköpfen. Dahinter, jenseits des Graswangtals, Kienjoch und Kieneckspitze.

flecken mehr vorhanden sind, denn der weglose Abstieg zur Forststraße ist nicht einfach und setzt Übung und Erfahrung in dem zerklüfteten, von Bächen und Runsen durchschnittenen Gelände voraus. Bei schneefreier Südflanke ist der Abstieg jedoch kein Problem. Der Weg kreuzt zweimal Forststraßen und führt dann im Bereich des Zaunes der Schloßanlagen zum Parkplatz zurück.

8 Über die Rappenköpfe zum Pürschling

Nicht alltägliche Gratwanderung über dem Graswangtal

Charakter: Die ganz einsame, sehr abwechslungsreiche Kammtour über Rappenköpfe und Brunnberg zum Zahn erfordert keine Kletterei, aber vor allem im ersten Abschnitt Übung und Übersicht im weglosen Steilgelände. Auch beim weiteren Übergang zum Pürschling sind Trittsicherheit und Schwindelfreiheit gefragt, insbesondere bei der südseitigen Umgehung des Sonnenberggrats. Mit Ausnahme des Kammes zwischen Kofelsattel und Zahn markierte Wege. Die Besteigung des Kofel ist durch kräftige Stahlseile leicht und sicher.
Ausgangsort: Oberammergau, Parkplätze vor und hinter dem Friedhof, 840 m.
Geeignete Zeit: (Mai) Juni bis Oktober.
Gipfel: Kofel, 1342 m – Vorderer Rappenkopf, 1408 m – Hinterer Rappenkopf, 1413 m – Brunnberg 1529 m – Zahn-Hauptgipfel, 1619 m – Sonnenberg, 1622 m.
Stützpunkt: Pürschlinghaus, 1564 m, ganzjährig bewirtschaftet außer April und November.
Steighöhen und Gehzeiten: *Kammtour bis Zahn:* 1040 m, 5¼ bis 6 Stunden; *bis Pürschling:* 1200 m, 7 bis 8 Stunden; *ohne Kofel bis Zahn:* 910 m, 4¾ bis 5½ Stunden; *bis Pürschling:* 1070 m, 6½ bis 7½ Stunden.

Diese außerordentlich abwechslungsreiche und landschaftlich reizvolle Kammtour stellt im ersten Abschnitt einige bergsteigerische Anforderungen, ja gehört, obwohl klettermäßig ohne Schwierigkeiten, zu den anspruchsvollsten Touren dieses Buchs. Absolute Trittsicherheit, Schwindelfreiheit und ein wenig Orientierungsvermögen sind gefragt. Bergerfahrene werden von dieser sehr selten ausgeführten Überschreitung besondere Eindrücke und ein schönes Bergerlebnis mit nach Hause nehmen. Für mich ist diese einsame Tour eine der interessantesten

Die Kirche von Kappel mit dem Ostteil des Klammspitzkammes.

der Ammergauer Alpen. Ein besonderer Vorteil ist, daß man die Tour auch bei großer Wärme angehen kann, weil sie vorwiegend im Waldschatten verläuft. Ich habe sie während der Hitzeperiode im Sommer 1995 bei Taltemperaturen weit über 30 °C ohne sonderliche Anstrengung mehrmals gemacht.

Wenn man von Schongau/Peiting kommend nach Unterammergau hinunterfährt,

hat man den gesamten Kamm vom Kofel bis zum Sonnenberg vor sich. Der auffallendste Teil ist dabei das Zahnmassiv, eine Gruppe von Felstürmen, die sich aus dem bewaldeten Kamm erhebt. Sie ist der landschaftlich reizvollste, nicht aber der schwierigste Abschnitt der Überschreitung, da wir die einzelnen Türme umgehen und nur die höchste Erhebung besteigen. Weniger auffallend ist der Brunnberg links daneben, ein doppel-

Blick vom Kofel aufs Estergebirge.

gipfliger Felskopf. Noch unauffälliger wirken die Rappenköpfe, zwei bewaldete Kuppen, der Vordere – linke – vom Kofel durch den Einschnitt des Kofelsattels getrennt. Dieser Vordere Rappenkopf hat es in sich. Er bildet den eigentlichen Anspruch dieser Tour.

Der Wegverlauf

Ausgangsort ist entweder der große *Parkplatz am Friedhof* von Oberammergau direkt unter dem mächtig aufstrebenden Kofel oder, bei starker Sonneneinstrahlung günstiger, der kleine schattige Parkplatz 350 Meter dahinter. Bei Anfahrt von Schongau/Peiting biegt man im Ort der Vorfahrtsstraße folgend rechts ab, verläßt sie bald nach rechts über die kleine Brücke und erreicht gleich dahinter links abbiegend die Parkplätze. Wer über Oberau/Ettal kommt, zweigt hinter Ettal Richtung Linderhof ab und benützt die kleine Straße nach Oberammergau, wie dies in der Karte eingezeichnet ist.

Am hinteren Ende des Friedhof-Parkplatzes stößt man auf den *Grottenweg,* einen bequemen, fast horizontalen Wanderweg, der am Fuß der Nordflanke des Kofel entlangführt. Nach einigen Minuten erreichen wir oberhalb des zweiten Parkplatzes einen freien Grashang, auf dem der Weg zum Waldrand und nun in vielen Kehren zum *Kofelsattel* emporzieht.

Natürlich werden wir uns hier den kleinen *Abstecher zum Kofel* nicht entgehen lassen. Der beschilderte und markierte Steig ist durch kräftige Stahlseile an den ausgesetzten Stellen gut gesichert. Am Gipfelkopf kann man dem Seil folgend direkt über den Westgrat aufsteigen oder, leichter, den deutlichen Pfad benützen, der den Gipfelkopf links umgeht und an einem Hüttchen vorbei gleichfalls zum Kreuz führt. Beeindruckend ist vor allem der Blick steil hinab auf Oberammergau. Auf der anderen Seite haben wir den Kamm vor uns, den wir nun begehen wollen, der, beginnend mit dem steilflankigen

Vorderen Rappenkopf, bis zum Zahnmassiv einsehbar ist.

Nach Abstieg zum *Kofelsattel* gehen wir unsere Kammtour an. Einige Meter hinter dem Unterstandshüttchen am Sattel beginnt, halblinks vom Weg zum Pürschling abzweigend, ein undeutlicher Pfad, der mäßig steigend am Hang entlangzieht. Er erreicht nach etwa 200 Metern ein Wiesentälchen, wo nur noch Pfadspuren erkennbar sind. Wir folgen dem Tälchen, weichen einigen umgestürzten Bäumen links aus und gehen in der breiten Waldschneise, am besten am rechten Rand, bis zum Ende, wo wir ohne Schwierigkeit die wenigen Höhenmeter zum Ostrücken des *Vorderen Rappenkopfs* aufsteigen können. Hier gelangen wir, zunächst sanft ansteigend, an den bewaldeten Gipfelaufschwung heran, der sich nun sehr steil aufbäumt.

Dieser Gratrücken bildet die einzige vernünftige Aufstiegsroute. Fast immer, so auch hier, ist ein Rücken weniger steil und besser zu begehen als seine Flanken, die beim Vorderen Rappenkopf extrem steil sind. Eine Steigspur leitet in kurzen Kehren über Erdtritte und Schrofen aufwärts. Sie weicht mehrmals ein wenig nach rechts aus, kehrt aber gleich wieder zum Gratrücken zurück. Die folgende fast senkrechte Stufe wird links umgangen. Hier bildet ein liegender dürrer Baum ein sicheres Geländer, das gerade genügend Platz zum Durchschlüpfen läßt. Nach ein paar steilen Erdtritten ist der Steilaufschwung geschafft. Weniger steil, aber immer noch volle Konzentration fordernd, leitet der Waldrücken, auf den sich sogar ein alter Markierungspunkt verirrt hat, zum *Gipfel* des Vorderen Rappenkopfs.

Unser nächstes Ziel ist der *Hintere Rappenkopf.* Den kleinen Abschwung am Westrücken umgehen wir links auf einem

Der Vordere Rappenkopf vom Kofel.

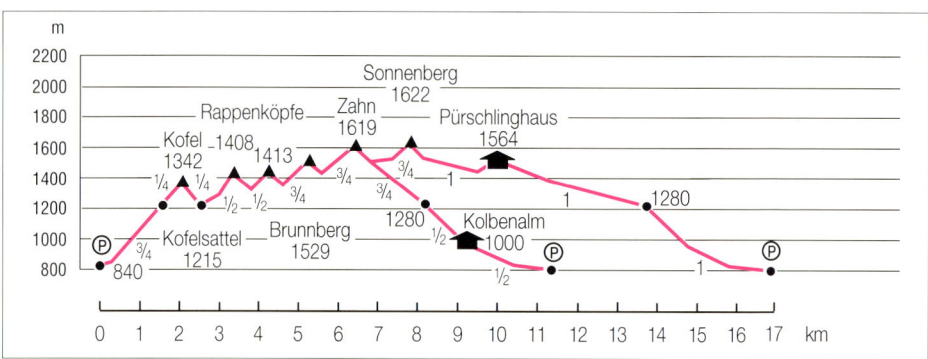

Band und steigen dann im Bereich des mäßig steilen Rückens 60 Höhenmeter zur Einsenkung zwischen beiden Gipfeln ab. Sie ist durch einen niedrigen Buckel geteilt. Die umgestürzten Bäume im ersten Sattel übersteigt man direkt, umgeht den Buckel einige Meter unterhalb des höchsten Punktes, am besten auf Tritten nach rechts absteigend, und quert dann gleich nach links in den zweiten Sattel hinein. Der Windbruch hier wird links umgangen, und man strebt nun dem sich aufschwingenden Ostrücken des Hinteren Rappenkopfs zu. Trittspuren leiten unterhalb des Rückens empor. Den letzten Aufschwung ersteigt man auf steilen Tritten

oder weicht ihm, leichter, unter einem Baumstamm hindurch nach links aus und erreicht so den langgestreckten Gipfelkamm.

Der Abstieg in den nächsten Sattel dauert nur einige Minuten. Hier setzt ziemlich steil der *Ostrücken des Brunnbergs* an. Eine Trittspur erleichtert den Aufstieg. Ein Felsriegel bildet ein erstes Hindernis. Er wird auf deutlicher Spur über eine Wurzeltreppe, dann auf einem nach links ziehenden Grasband erstiegen. Ein großer roter Markierungspunkt oberhalb zeigt Ihnen, daß Sie auf der richtigen Fährte sind. Auf Grastritten geht es nun am Rücken hoch zu einer steilen Schro-

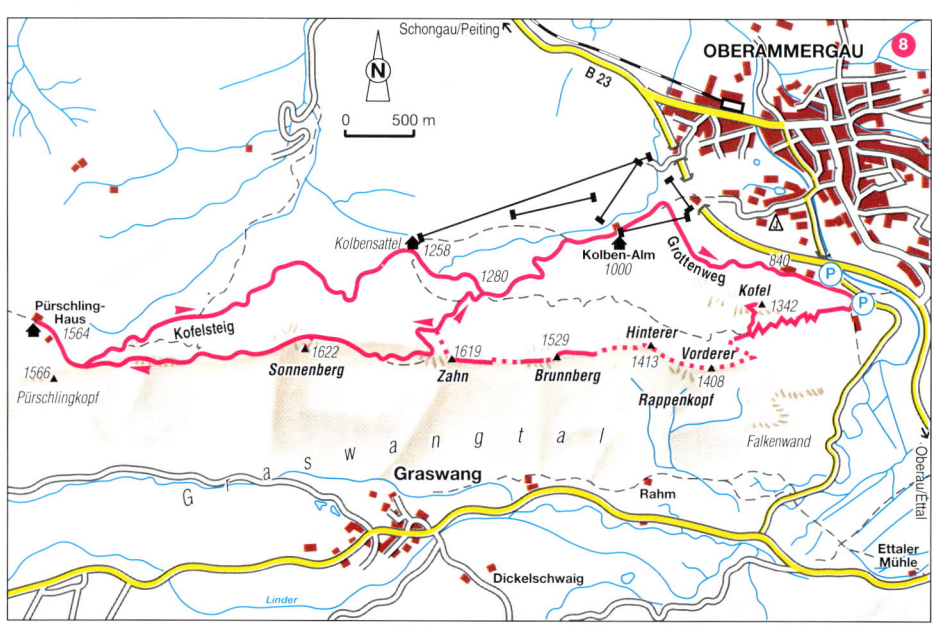

Rückblick vom Brunnberg über den Vorderen Rappenkopf hinweg auf den Laber.

fenstufe, die man am besten direkt ersteigt oder auf ausgesetzten Grasbändern links umgeht.

Damit ist der schwierigste, Bergerfahrung fordernde Abschnitt der ganzen Gratüberschreitung geschafft, der genußvolle Teil beginnt. Auf dem sanft ansteigenden aussichtsreichen, teils locker bewaldeten Rücken wandern wir an einer winzigen Hütte vorbei, die sich stolz »Karl-Geisenhof-Haus« nennt, immer auf deutlichem Pfad an den Gipfelaufbau des Brunnbergs heran. Ein erstes kurzes Gratstück wird rechts unterhalb umgangen. Der Pfad führt in einen kleinen grasigen Sattel und zieht dann, meist nur als Trittspur, in kurzen Kehren zu einer Schulter. Von hier geht es einige Meter steil abwärts und leicht hinauf zum Gipfel des *Brunnbergs*. Hübsch ist der Blick ins Graswangtal und zurück über einige Felsköpfe auf den schon geschafften Gratabschnitt. Im Westen baut sich unser nächstes Ziel auf: das Zahnmassiv mit seinen bizarren Felstürmen, die hinter einem langgestreckten Rücken hervorlugen.

Zur Fortsetzung unserer Tour gehen wir einige Meter zurück zum Pfad, der nordsei-

tig unter dem Gipfelfels des Brunnbergs verläuft. Nach einem schmalen Band gelangen wir nun bequem im Bereich des Zahn-Ostrückens zu einer grasigen Schneise, wo Trittspuren zum Ende des langen Rückens führen. Er bricht in einer felsigen Stufe zum Sattel vor dem eigentlichen Zahnmassiv ab. Wir umgehen sie, nach links auf zwei plattigen Tritten absteigend, auf einem ganz schmalen, kaum fußbreiten Band und kommen über den gut zu begehenden Gratrücken an den Fuß der Zahnfelsen, einer Gruppe schroffer Köpfe und Türme, die den alpinsten Abschnitt des ganzen Grats zwischen Kofelsattel und Pürschling bilden. Ihre Besteigung erfordert Kletterei.

Wir begnügen uns mit dem höchsten Kopf des Zahnmassivs, der zum Glück von Norden leicht zugänglich ist. Zunächst stellt sich uns ein Felsbug in den Weg. Tritte leiten rechts davon hinab in eine Felsnische, die wir auf schmalen Stufen überqueren. Von der sie abschließenden kleinen Schulter führt unsere Steigspur an einem markanten Felsturm mit Kreuz vorbei zu einer Kante, hinter der wir zu einem Sattel und dann unterhalb der Gipfelfelsen so weit aufsteigen, bis wir leicht nach links auf dem Westrücken die letzten Meter zum *Hauptgipfel* hinübergehen können.

Hier, auf dem Gipfelblock am höchsten Punkt des Zahnmassivs, sitzen wir inmitten einer beeindruckenden Felslandschaft. Die hellen Kalkfelsen bilden einen wirkungsvollen Kontrast zu den von Latschen und Wald überzogenen Buckeln des Kammes. Meist wird man auf dem Zahngipfel den Zauber dieser Landschaft allein genießen, obwohl der markierte Weg gar nicht weit unterhalb vorbeiführt. So war ich überrascht, bei einer Begehung des ganzes Kammes Ende Juli 1993 einen Vierzehnjährigen aus Unterammergau hier oben anzutreffen, der allein vom Kolbensattel her aufgestiegen war. Er mache sich nichts aus Modebergen, sagte er mir, er liebe einsame Gipfel.

Für den *Weiterweg* haben wir zwei Mög-

Abstieg über die Platte am Zahn-Ostgipfel, eine Schlüsselstelle der Tour.

lichkeiten: zum Ausgangspunkt zurückkehren oder den Kamm bis zum Pürschling überschreiten. Beide Varianten sind in der Karte und im Tourenprofil aufgezeigt. Der Mehraufwand für die Pürschlingvariante beträgt etwa zwei Stunden, ist aber sehr lohnend und leicht. Es erwarten uns ausschließlich markierte Wege und der höchste Gipfel dieses Abschnitts des Klammspitzkammes, der Sonnenberg (Sonnenspitz).

Für die direkte *Rückkehr nach Oberammergau* steigen wir vom Zahngipfel erst auf den Steigspuren im Gipfelbereich, dann über den gutgestuften Grashang zum sicht-

Beim Übergang vom Zahn-Ostgipfel zum Hauptgipfel.

baren markierten Weg ab, dem wir nach rechts folgen. Er leitet uns über Wegverzweigung Punkt 1280 und *Kolbenalm* wie aus der Karte ersichtlich zum Ausgangsort zurück. An der Kolbenalm muß man nicht die hier beginnende Asphaltstraße benützen, sondern kann links davon auf schattigem Waldweg am Ufer des Kolbenbachs entlang absteigen und dann nur ein kurzes Stück auf der Straße zur beschilderten Abzweigung des *Grottenwegs* gehen. Der schön angelegte promenadenartige Weg leitet unter den Wänden des Kofel in angenehmer Wanderung zum *Parkplatz*.

Wenn Sie noch genügend Kondition haben, sollten Sie den *Kamm bis zum Pürschling* weiter begehen, wo eine viel besuchte Hütte willkommene Erfrischung bietet. Der Übergang zum Pürschlinghaus dauert etwa 1¾ Stunden. Am besten steigt man vom Zahngipfel wie bei der direkten Rückkehr zum markierten Weg ab und dann nach links wieder zur Kammhöhe empor. Eine weglose Querung unterhalb der Gratfelsen dorthin ist möglich, aber weniger günstig und nicht kürzer, und man spart ganze 30 Höhenmeter. Der Weg zum Pürschling bietet nun eine hübsche kleine *Variante,* die in der Karte dünngestrichelt eingezeichnet ist. Sie beginnt dort, wo der Normalweg fast die Kammhöhe erreicht und unterhalb horizontal geführt ist. Hier zieht, nicht beschildert aber deutlich, ein Steig vollends auf den Kamm, dem man ein Stück folgt. Er leitet in einer steilen Schichtrinne in ganz leichter Kletterei wieder auf den Normalweg zurück. Jetzt ist es nicht mehr weit zum *Sonnenberg.* Hinter einer schrofigen Stufe zweigt eine Steigspur oder zwanzig Meter weiter ein Weg nach links ab. Er führt ohne Schwierigkeit in wenigen Minuten auf den aussichtsreichen Gipfel mit Kreuz und Buch. Besonders reizvoll ist der Rückblick auf das Zahnmassiv, aber auch der Blick hinab ins Graswangtal. Und von Westen grüßt das nun nicht mehr so ferne Pürschlinghaus, zu dem ein mit Felsköpfen besetzter Kamm, der *Sonnenberggrat,* hinüberzieht.

Beim Weiterweg kommen wir nach zwei kurzen seilgesicherten Stellen an eine Weggabel. Beide Wege führen zum Pürschling. Sinnvoll ist nur der linke Weg (Schild »Pürschling – nur für Geübte«), der an der Südseite des Sonnenberggrats entlangzieht. Er ist schmal und stellenweise etwas ausgesetzt, aber ohne Schwierigkeit. Das letzte Stück verläuft auf der Kammhöhe. Der Weg mündet schließlich in den breiten Wirtschaftsweg dicht vor dem *Pürschlinghaus,* das nun in wenigen Minuten erreicht ist.

Der rechte, mit »Pürschling« beschilderte Weg leitet in kurzen Kehren achtzig Höhenmeter nordseitig hinab und quert dann fast horizontal zum Wirtschaftsweg. Er ist ganz ungünstig, weil man nun zusätzliche sechzig Höhenmeter zum Pürschlinghaus ansteigen muß und kommt eigentlich nur in Betracht, wenn man auf das Pürschlinghaus verzichten und unmittelbar nach Oberammergau zurückkehren möchte.

Lohnend ist der Abstecher zum Pürschlinghaus allemal. Das beliebte, vielbesuchte Haus in aussichtsreicher Lage bietet eine angenehme Rast vor unserem zweistündigen Rückweg, wie er in der Karte eingezeichnet ist.

Kreuzspitzgruppe

Es ist nicht die höchste, aber die hochalpinste Gruppe der Ammergauer Alpen. Zwar hat die Kreuzspitzgruppe keinen so attraktiven Klettergipfel aufzuweisen wie die Hochplattengruppe mit dem Geiselstein, doch sind die beiden Hauptmassive, Kreuzspitze und Geierköpfe, ungleich wuchtiger. Mit ihrer Lage und Höhe – zehn Gipfel übersteigen die 2000-Meter-Marke – bildet die Kreuzspitzgruppe das Zentrum der Ammer-

gauer Alpen. Sie ist durch das angrenzende Straßensystem gut erreichbar: im Westen und Norden die gut ausgebaute Ammerwaldstraße zwischen Linderhof und Plansee, im Süden die Straße zwischen Garmisch und Lermoos (mit den Ausgangspunkten Ochsenhütte und Griesen). Vier wichtige Gipfel, die Kreuzspitze, der Westgipfel der Geierköpfe, der Schellschlicht und der Frie-derberg sind durch markierte Steige erschlossen und entsprechend beliebt und besucht. Wesentlich einsamer und von besonderem Reiz sind die sich anbietenden Kammtouren, von denen die Überschreitung der Geierköpfe, der Gratübergang von der Kreuzspitze zum Kreuzspitzl und die Rundwanderung über den Friederberg hier eingehend beschrieben sind.

Blick vom Hauptgipfel der Geierköpfe über den Ostgipfel hinweg ins Zentrum der Kreuzspitzgruppe und der Ammergauer Alpen. Links die beherrschende Kreuzspitze.

9 Die Überschreitung der Geierköpfe

Genußvolle Dreigipfeltour für ausdauernde Geher mit Bergerfahrung

Charakter: Eine sehr interessante, landschaftlich reizvolle Grattour mit schönen Ausblicken, die beim Übergang vom Hauptgipfel zum Ostgipfel Übung im Schrofengelände und etwas Kletterfertigkeit – I, eine Stelle mäßig schwierig II – erfordert. Auch der Aufstieg vom Parkplatz am Teufelsbach und der Abstieg über den Neualmsattel verlangen Trittsicherheit. Für den Rückweg stehen zwei Varianten zur Wahl. – Eine anspruchsvolle Tour für ausdauernde Geher.

Ausgangsort: Parkplatz am Teufelsbach, 2 km südlich Ammerwald, 1020 m.

Geeignete Zeit: (Juni) Juli bis Oktober.

Gipfel: Geierköpfe Westgipfel, 2145 m – Hauptgipfel, 2163 m – Ostgipfel, 2064 m.

Steighöhen und Gehzeiten: *Gesamttour mit Rückkehr über Neualmsattel:* 1350 m, 7¾ bis 8½ Stunden; *mit Rückkehr über Südhangsteig:* 1420 m, 7¼ bis 8 Stunden; *nur West- und Hauptgipfel,* Abstieg wie Aufstieg: 1220 m, 6 bis 6½ Stunden.

Das dreigipflige Massiv der Geierköpfe bildet den westlichen Abschluß der Kreuzspitzgruppe. Dieses mächtige Dreigestirn bricht nach Norden mit hohen, durch Kare gegliederten Wänden ab, die von der Ammerwaldstraße, noch mehr von der Hochplatte und der ihr vorgelagerten Weitalpspitze, einen imposanten Anblick bieten, wohl den alpinsten der gesamten Ammergauer Alpen. Die weniger steile Südflanke fällt in grasigen Hängen ab, die nur in Kammnähe in steile, teils grasdurchsetzte Schrofen übergehen.

Die Besteigung wird deshalb fast ausschließlich von Süden her ausgeführt, wo

Rückblick vom Hauptgipfel zum Westgipfel vor der Kulisse der Allgäuer Alpen. Links unten der Plansee.

Beim Gratübergang vom Westgipfel zum Hauptgipfel der Geierköpfe.

ein guter, markierter und häufig begangener Steig auf den Westgipfel leitet. Besonders reizvoll und nicht schwierig ist die *Überschreitung* von dort über den Hauptgipfel zum Ostgipfel, die etwa eineinhalb Stunden in Anspruch nimmt. Sie ist bis zum Hauptgipfel leicht und erfordert nur beim weiteren Übergang zum Ostgipfel etwas Kletterfertigkeit – eine Stelle mäßig schwierig, II – und Übung in brüchigem Schrofengelände. Diese interessante Gratbegehung ist durch meist deutliche Steigspuren und Steinmänner erleichtert. Sie wird dennoch verhältnismäßig selten gemacht. Die meisten begnügen sich mit dem Westgipfel und gehen dann allenfalls bis zum Hauptgipfel weiter. Der Rückweg geschieht dann genau auf der Anstiegs-

route. Dagegen bietet die Überschreitung aller drei Köpfe mit Abstieg über den Neualmsattel eine zwar lange, aber außerordentlich attraktive und abwechslungsreiche Rundtour.

Der *Westgipfel* wird im allgemeinen vom Plansee aus bestiegen. Das kommt für die hier vorgeschlagene Rundtour nicht in Betracht, weil der Rückweg dann sehr lang wäre, es sei denn, daß man nach der Gratüberschreitung den als Variante beschriebenen Südhangsteig benützt. Kürzer und landschaftlich schöner ist der Aufstieg im Bereich des Teufelstals, wie er in der Karte eingezeichnet ist. Er ist weniger bekannt und weniger begangen als der »Normalaufstieg« vom Plansee.

Die Schlüsselstelle beim Gratübergang, eine scharf eingerissene Scharte.

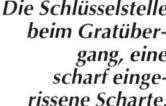

Ein schwieriges Gratstück wird in einer gutgestuften Schrofenrinne umgangen.

Der Wegverlauf

Ausgangsort ist ein kleiner schattiger *Parkplatz an der Straße Linderhof – Reutte* genau 2 Kilometer südlich vom Hotel Ammerwald unmittelbar vor der Brücke über den Teufelsbach. Der Aufstiegsweg beginnt etwas versteckt in der Mitte zwischen Parkplatzende und Straße. Der deutliche Weg am Parkplatzende, der aus Unkenntnis meist benützt wird, ist ungünstig. Er führt an den Rand des Teufelsbachs, hier über Blockwerk ein kleines Stück talein, und man muß dann ziemlich steil nach links auf Trittspuren zum Waldrücken aufsteigen, wo man auf den richtigen Weg trifft.

Der Aufstiegsweg zieht nun in vielen teils ausholenden Kehren empor, immer im Bereich des *Teufelstals,* oft schmal und ausgesetzt am Hang mit hübschen Tiefblicken in die zerklüftete Tallandschaft und quert schließlich nur noch wenig steigend mehrere Runsen mit den Quellbächen des Teufelsbachs. An der *Zwerchenbergalm* trifft unser Steig auf den vom Plansee heraufkommenden Weg. Er führt in einer ausgewaschenen Rinne durch die Latschenzone, dann in einer weitgeschwungenen Kehre auf den gra-

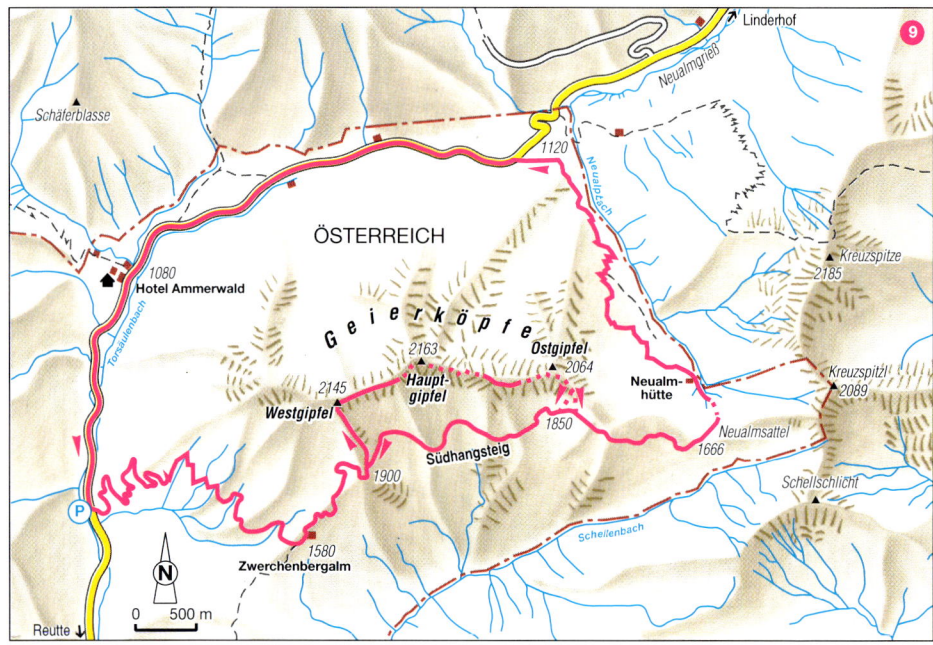

sigen Südrücken, zuletzt über Geröll und leichte Schrofen zum *Westgipfel* mit Kreuz und Buch. Schön ist der Blick hinab auf den Plansee. Im Norden bilden die Gipfel der Hochplattengruppe, im Süden der Danielkamm, im Südosten die Zugspitze mit ihren Trabanten eine eindrucksvolle Kulisse, und im Osten ragt unser nächstes Ziel, der Hauptgipfel, auf.

Der Übergang dorthin erfordert trittsicheres vorsichtiges Gehen, aber keine Kletterei. Ein deutlicher Pfad leitet wenig absteigend in einen Sattel und empor auf einen Vorkopf, wo der Kamm sich schärfer zusammenschnürt. Über Schrofen geht es hinab in die Einschartung vor dem Gipfelaufbau und von hier unmittelbar ziemlich steil im Geröll und über kleine schrofige Stufen mit Markierungspunkten und einigen Steinmännern, das letzte Stück auf dem Westrücken zum *Hauptgipfel.* Das kleine zusammengeflickte Kreuz ist 1994 vollends umgebrochen, nur Kasten und Buch existieren noch.

Dank seiner überragenden Höhe bietet der Hauptgipfel eine umfassende Aussicht. Ganz besonders instruktiv ist für uns der Blick über den *Verbindungsgrat* hinweg auf den Ostgipfel. Links davon ragt mächtig die

Kreuzspitze auf, die sich hier von ihrer attraktivsten Seite zeigt. Wie man sieht, bricht der ganze Grat nach Norden in einer felsigen zerklüfteten Flanke ab, während nach Süden mäßig steile, gerölldurchsetzte Grashänge hinunterziehen. Bei der Gratbegehung weicht man deshalb einigen schroffen Passagen nach Süden aus. Dabei ist die Route durch die Geländestruktur eindeutig vorgegeben.

Zunächst steigen wir über leichte Schrofen ein Stück auf dem Gratrücken ab. Der erste kleine Abbruch wird in einer gutgestuften kurzen Steilrinne, dann auf Schrofen zu einer deutlichen Pfadspur mit einigen Markierungspunkten absteigend umgangen. Sie führt bequem wieder auf den Gratrücken. Es folgt eine mannshohe Stufe, die man an kleinen Griffen und Tritten abklettert. Danach steigt man nicht am Grat auf – er endet in einem hohen senkrechten Abbruch –, sondern über plattige geröllbedeckte Schrofen so weit hinab, bis man unterhalb der Felsen zur Scharte hinter dem Abbruch queren kann. Von der Scharte geht es in leichter Kletterei wieder hoch zum Kamm, den wir vorerst beibehalten. Steinmänner und eine Pfadspur weisen den Weg.

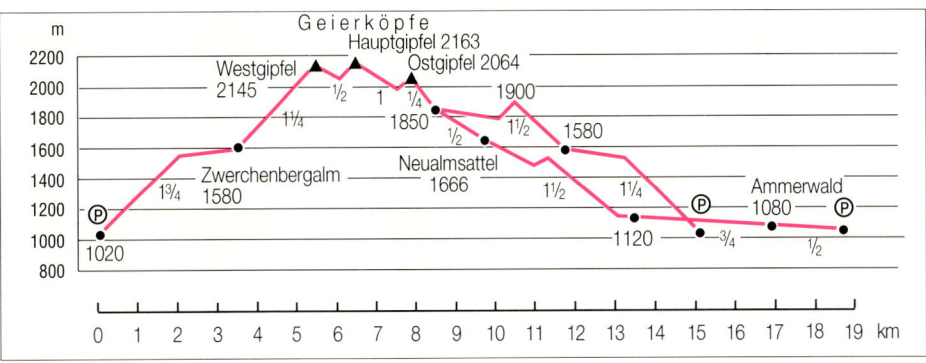

Dann bricht der Kamm steil in eine enge Scharte ab, die schwierigste Stelle (II), die man nicht umgehen kann. Über das etwa 6 Meter hohe Wandl klettern wir in die Scharte ab und jenseits in einer schmalen Steilrinne gleich wieder zum Grat empor. Der schwierigste Teil der Gratbegehung ist damit geschafft. Über eine plattige Stelle erreichen wir eine Einsenkung und auf nun ganz deutlichem Pfad, der zwei Kammbuckel rechts unterhalb umgeht, zum Schluß über den mäßig steilen Rücken ohne Schwierigkeit den *Ostgipfel*. Normalerweise wird man vom Hauptgipfel zum Ostgipfel eine Stunde brauchen. Wenn man die Route kennt, geht

das schneller. Aber lassen Sie sich Zeit, die geröllbedeckten Schrofen erfordern vorsichtiges Gehen und volle Konzentration.

Vom Ostgipfel steigen wir auf Grastritten in Latschengassen am Südostrücken oder rechts davon am freien Hang zweihundert Höhenmeter zum markierten Südhangsteig ab, der nach links zum Neualmsattel, nach rechts ziemlich horizontal die Hänge querend und dann ansteigend zu einer markanten Schulter am Südrücken des Westgipfels zieht, wo er auf unseren Aufstiegsweg trifft. Sie müssen sich nun entscheiden, ob Sie auf dem Südhangsteig zurückkehren oder die echte Rundtour über den Neualmsattel ma-

Rückblick vom Ostgipfel auf den Hauptgipfel der Geierköpfe.

chen wollen. Sie dauert nur eine halbe Stunde länger, und der Abstieg vom Neualmsattel ins Tal ist landschaftlich sehr interessant. Vielleicht haben Sie ihn schon beim Abstieg vom Kreuzspitzl (Tour 10) kennengelernt. Einziger Nachteil dieser Route: Man muß etwas mehr als fünf Kilometer im Bereich der Ammerwaldstraße zum Parkplatz zurückgehen.

Steigen wir also zum *Neualmsattel* ab. Der Weg ist im flachen grasigen Sattel nicht sehr deutlich, aber erkennbar. Er führt dann in den Wald, an der völlig verfallenen alten und unterhalb der neuen Neualmhütte vorbei, zieht schmal am Hang entlang, quert mitunter ausgesetzt mehrere Runsen, von denen man einen jähen Blick in die Schlucht des Neualpbachs hat. Der Weg umgeht mit Gegenanstieg einige steile Hangstellen und fällt erst dann in vielen Kehren zum Talgrund ab. Dicht über dem Grieß des Neualpbachs steigt man nicht wie bei Tour 10 vollends dorthin ab, sondern folgt geradeaus dem Pfad, der nach einigen Minuten den breiten Talweg erreicht. Er führt zur *Ammerwaldstraße,* an der wir zum *Parkplatz* zurückwandern. Vielleicht haben Sie ja auch das Glück, daß ein verständnisvoller Autofahrer Sie mitnimmt.

10 Von der Kreuzspitze zum Kreuzspitzl

Alpine Grattour im Herzen der Ammergauer Alpen

Charakter: Eine interessante abwechslungsreiche Tour im Herzen der Ammergauer Alpen. Größtenteils markierte Wege. Am Gipfelaufbau der Kreuzspitze leichte Schrofenkletterei. Beim Gratübergang zum Kreuzspitzl auf deutlicher Steigspur kleine Kletterstellen (II) dicht unterm Kreuzspitzgipfel und am Ansatz des Kreuzspitzl-Nordwestrückens. Am Übergangsgrat und beim Rückweg vom Neualmsattel ins Tal Trittsicherheit erforderlich.
Ausgangsort: Parkplatz an der Grenzbrücke zwischen Linderhof und Plansee, 1082 m.
Geeignete Zeit: Mitte Juni bis Oktober.
Gipfel: Kreuzspitze, 2185 m – Kreuzspitzl, 2089 m.
Steighöhen und Gehzeiten: *Gesamttour:* 1290 m, 5½ bis 6½ Stunden; *nur Kreuzspitze:* 1110 m, 4½ bis 5½ Stunden.

Aufstieg zur Kreuzspitze oberhalb des Schwarzenkopfs. Im Hintergrund die Geierköpfe.

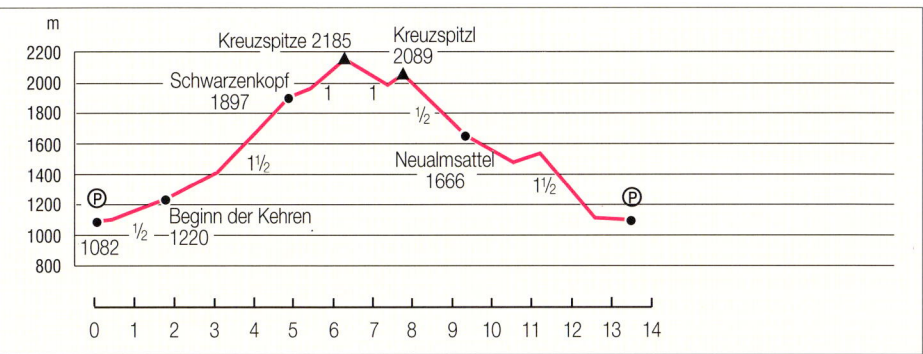

Diese Tour im Zentrum der Ammergauer Alpen bietet ein vielfältiges Bergerlebnis. Das gilt vor allem für den verhältnismäßig selten ausgeführten Gratübergang von der Kreuzspitze zum Kreuzspitzl und für den sehr abwechslungsreichen Rückweg über den Neualmsattel. Die Rundtour mit etwa sechsstündiger Gehzeit vollzieht sich fast ausschließlich auf markierten Wegen und Steigen, selbst beim Gratübergang haben wir eine deutliche durchgehende Pfadspur, so daß nirgends Orientierungsprobleme auftreten. Eine ganz kurze Felsstufe unmittelbar unterm Kreuzspitzgipfel, die nicht umgangen werden kann, erfordert etwas Kletterei (II), ebenso ein Wandl am felsigen Ansatz des Kreuzspitzl-Nordwestrückens (I bis II), über das die günstigste Aufstiegsroute führt. Der geübte Bergwanderer wird an dieser Tour seine Freude haben.

Die Kreuzspitze, ganz auf deutschem Staatsgebiet gelegen, ist die höchste Erhebung der gleichnamigen Berggruppe der Ammergauer Alpen. Sie überragt ihre Umgebung ein gutes Stück und ist deshalb ein lohnender und beliebter Aussichtsberg. Glanzpunkt sind vor allem die der Kreuzspitzgruppe zugehörenden Geierköpfe (Tour 9). Sie vermitteln mit ihren felsigen Nordflanken den wohl alpinsten Eindruck in den Ammergauer Alpen. Das zeigt sich ganz besonders beim Aufstieg zur Weitalpspitze (Tour 4). Weniger bekannt und seltener bestiegen ist das Kreuzspitzl, das sich bescheiden hinter der hundert Meter höheren Nachbarin verbirgt. Es ist jedoch ein wichtiger Geländepunkt, ja das Herz der Kreuzspitzgruppe: Vom Kreuzspitzl strahlen die Verbindungsgrate in die vier Himmelsrichtungen zu den übrigen Gipfeln der Gruppe ab.

Der Wegverlauf

Ausgangspunkt ist die deutsch-österreichische Grenze an der *Straße zwischen Linderhof und Reutte*. Unmittelbar neben der Straße bei der Linderbrücke ist ein kleiner Parkplatz, man kann auch ein kleines Stück in das hier beginnende trockene Grießbett des Neualpbaches hineinfahren und den Wagen dort abstellen. Eine breite deutliche Spur führt schräg über das Grieß zum linken Rand, wo ein Fahrweg mit ausholender Kehre in den Wald hineinzieht. Er mündet bald in einen schmalen, aber guten markierten Weg, der in sanfter Steigung durch lockeren Mischwald den Hang quert. Nach einer halben Stunde ist das Ende der Querung erreicht. Nun geht es in einer breiten grasigen Lichtung in vielen Kehren hinauf ins *Hochgrießkar*, einer weiten steilen Karfläche im Nordabfall der Kreuzspitze und hier, stellenweise schrofig, über Geröll und Gras an einem verfallenen Unterstand vorbei zum Schwarzenkopf, einer Schulter im Westkamm der Kreuzspitze, von der wir erstmals einen interessanten Blick auf die markanten Geierköpfe, auf den Südteil der Ammergauer Alpen und weit hinein in die Allgäuer Alpen haben.

Am Kamm zieht der immer deutliche Steig durch Latschengassen an den felsigen Gipfelaufbau der *Kreuzspitze* heran. In leichter Schrofenkletterei erreichen wir die Wegverzweigung unterm Gipfel und nach rechts in wenigen Minuten das große Gipfelkreuz.

**Die kleine Felsstufe dicht unterm Gipfel
der Kreuzspitze.**

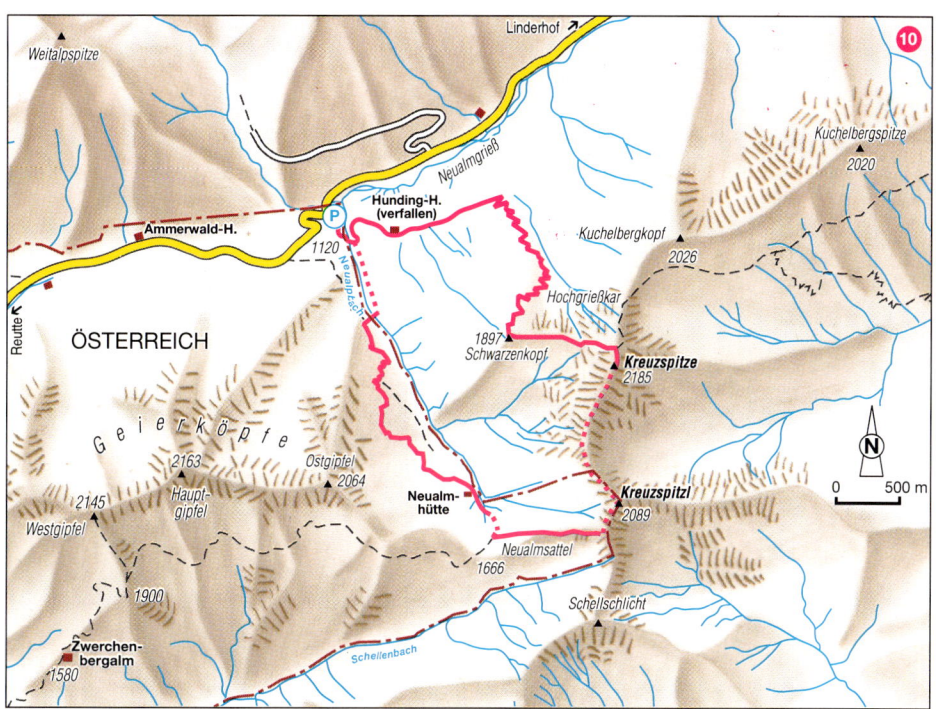

Dank ihrer die Umgebung überragenden Höhe bietet die Kreuzspitze eine umfassende Aussicht. Sie ist entsprechend viel besucht, und abgesehen von dem etwas eintönigen Anstieg im Hochgrießkar ist die Besteigung ja auch recht ansprechend.

Wesentlich einsamer geht es dann bei der *Gratüberschreitung zum Kreuzspitzl* zu, die etwas höhere Anforderungen stellt. Wenn Sie trittsicher sind und mit ein wenig Kletterfertigkeit wird Ihnen der Übergang Spaß machen. Er ist durch eine deutliche Steigspur erleichtert. Eine erste kleine Kletterstelle befindet sich dicht unterm Kreuzspitzgipfel, eine Zweimeterstufe, zu der wir über plattige Schrofen absteigend gelangen. Gute Griffe am Oberrand und kleine Tritte im etwas überhängenden Wandl lassen die Stufe rasch überwinden. Es ist die schwierigste Stelle.

Dann geht es am teilweise schmalen Kamm über zwei nahe Schrofenköpfe hinweg am langgezogenen nicht steilen Rücken auf der Steigspur ohne weitere Schwierigkeit hinunter in die Scharte vor dem Kreuzspitzl, über der sich deren Nordwestrücken in einer zerklüfteten felsigen Stufe aufbäumt. Am besten ist es, auf der deutlichen Pfadspur im Geröll nach links zum Schrofenband am Rand des hier ansetzenden Felsriegels aufzusteigen und dem Band bis zum Ende am Fuß eines gutgriffigen Wandls zu folgen. Dorthin gelangt man etwas schwieriger auch, wenn man in Höhe der Scharte zu dem markanten Felsspalt geht, an kleinen Griffen und Tritten auf den mannshohen Klemmblock klettert und nach links über plattige Schrofen zum Band und zum Wandl emporsteigt. Ein paar Meter schräg aufwärts kletternd gewinnt man einen Absatz mit Steinmann und eine Rinne, in der man rasch das grasige Gelände des Nordwestrückens oberhalb des Felsgürtels erreicht. Man quert nun horizontal hinüber zum nahen nach Westen streichenden Seitenrücken, wo ein Pfad im Geröll und über Gras zum Gipfel des *Kreuzspitzls* leitet.

Ganz ungünstig für den Aufstieg von der Scharte ist die Benützung der breiten Rinne rechts unterhalb der Felsen, zu der eine Pfadspur einige Höhenmeter hinabführt. Die Rinne ist steiler als man von der Scharte her

Rückblick auf die Kreuzspitze beim Übergang zum Kreuzspitzl.

Beim Gratübergang. In Bildmitte Kreuzspitzl und Schellschlicht.

vermutet, der Anstieg über Geröll und brüchige Schrofenstufen ist mühsam und unangenehm, der Austritt auf den Rücken sehr steil. Meiden Sie die Rinne, und steigen Sie übers Wandl auf.

Am Gipfel wird man sich seiner zentralen Lage bewußt. Vier Grate entsendet das Kreuzspitzl: nach Norden zur Kreuzspitze, nach Osten einen langen türmereichen Grat zum Friederspitz, nach Süden zum Schellschlicht. Und im Westen wachsen über dem grünen Neualmsattel die Geierköpfe empor.

Naturgemäß wird das Kreuzspitzl viel weniger bestiegen als die Kreuzspitze: der Aufstieg zu dem von den Tälern nicht sichtbaren Gipfel ist länger und mühsamer, die

Aussicht nach Norden durch die höhere attraktive Nachbarin beschränkt. So lohnt die
Besteigung eigentlich nur in Verbindung mit
dem interessanten Gratübergang. Dies
macht auch das Kreuzspitzl zu einem lohnenden Ziel, nicht zuletzt deshalb, weil man
so die Besteigung der Kreuzspitze zu einer
schönen Rundtour ausdehnen kann und den
eintönigen Abstieg durchs Hochgrießkar
vermeidet.

Unser nächstes Ziel ist der *Neualmsattel*.
Auf dem Südrücken steigen wir bis unter
den nahen Vorkopf ab, den wir auf schwach
ausgeprägter Pfadspur rechts umgehen. Wir
erreichen den vom Vorkopf herabkommenden Westrücken. Ein deutlicher Steig führt
auf dem mäßig steilen Rücken durch Latschengassen und in schmalen Geröllrinnen
in einer halben Stunde zu dem weitläufigen
welligen Sattel hinab. Hier wendet sich un-

ser Steiglein nach rechts in den Sattel hinein. Dieser Weg ist zwar durchgehend rot markiert, aber nicht überall in gutem Zustand. Er führt durch zahlreiche tief eingeschnittene Runsen, quert oftmals sehr schmal die steilen ins Tal des Neualpbachs hinabziehenden Hänge und erfordert stellenweise Trittsicherheit, Schwindelfreiheit und vorsichtiges konzentriertes Gehen. Ein wildromantisches Gelände mit jähen Tiefblicken in das schluchtartige Tal erwartet uns. Für den Abstieg vom Sattel zum Parkplatz muß man mit eineinhalb Stunden Gehzeit rechnen, eine lange Zeit für die sechshundert Höhenmeter.

Im Gras des Sattels ist der Weg undeutlich, aber mit einiger Aufmerksamkeit erkennbar. Er wird bald ausgeprägt. Zunächst geht es durch lichten Wald an der völlig verfallenen alten *Neualm-Jagdhütte* vorbei – die neue steht ein Stück oberhalb – bergab. Nach Querung einiger Runsen, teils auf ganz schmalen ausgesetzten Tritten, verläuft der Weg fast horizontal, steigt dann sogar noch etwa vierzig Höhenmeter an, gewinnt endlich in vielen Kehren Tiefe und strebt an zahlreichen Alpenrosenbüschen vorbei dem Talgrund zu. Ein paar Kehren bringen uns vollends auf das breite Grießbett hinab, an dessen linkem Rand wir in 15 Minuten zum *Parkplatz* zurückwandern.

11 Friederberg und Scharfeck

Aussichtsreiche Rundtour aus dem Loisachtal

Charakter: Eine landschaftlich abwechslungsreiche und leichte Rundtour im Ostteil der Kreuzspitzgruppe, großenteils auf markierten Wegen. Faszinierende Aussicht vor allem auf das Wettersteingebirge. Die Überschreitung des Scharfecks erfordert etwas Übung im weglosen Gehen.
Ausgangsort: Parkplatz an der Ochsenhütte an der Straße Garmisch – Lermoos, 800 m.
Geeignete Zeit: (Mai) Juni bis Oktober.
Gipfel: Friederspitz, 2049 m – Frieder, 2053 m – Lausbichel, 1952 m – Scharfeck, 1926 m.
Steighöhen und Gehzeiten: *Gesamttour:* 1430 m, 6¼ bis 7 Stunden; *nur Friederspitz und Frieder:* 1380 m, 5¾ bis 6½ Stunden.

Blick vom Friederspitz über das Scharfeck hinweg auf die Zugspitze.

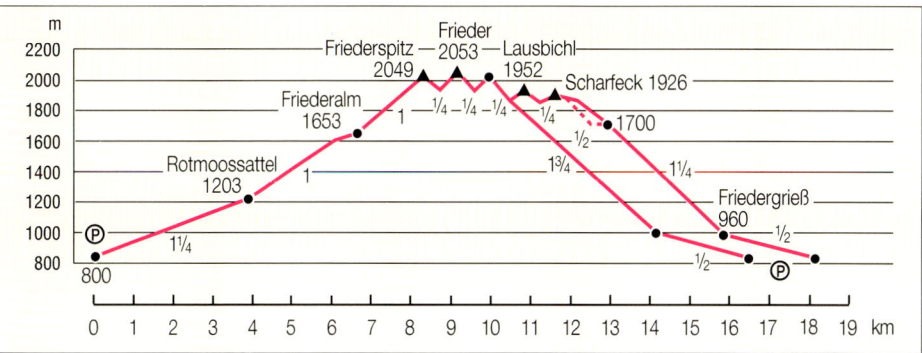

Der Friederberg, östlicher Eckpfeiler der Kreuzspitzgruppe, bietet mit seinen beiden Gipfeln Friederspitz und Frieder eine schöne und interessante Bergtour mit hervorragender Aussicht. Der Anmarschweg ist verhältnismäßig lang, weshalb dieses Gipfelpaar nicht überlaufen ist. Die Tour steht ganz im Bann der jenseits des Loisachtals über dem Eibsee aufragenden Zugspitze, die man, abgesehen vom Ziegspitzkamm (Tour 12), von keinem anderen Standpunkt so markant und fotogen sehen kann. Darüber hinaus bilden die Felsgipfel des Wettersteingebirges und die Mieminger Kette eine eindrucksvolle Umrahmung des höchsten deutschen Berges. Dies und die abwechslungsreiche Wegführung machen die Besteigung des Friederbergs zu einem großartigen Erlebnis, besonders, wenn man auf dem Rückweg das Scharfeck einbezieht, den nach Süden vorgeschobenen Aussichtspunkt hoch über dem Loisachtal.

Der Wegverlauf

Ausgangsort ist der *Parkplatz an der Ochsenhütte* im Loisachtal an der Straße Garmisch – Lermoos, sechseinhalb Kilometer vom Ortsschild am Ende von Garmisch gleich hinter der Bahnüberquerung. Hier beginnt ein für den öffentlichen Verkehr gesperrter Fahrweg. Wir folgen ihm nur einige Meter bis zum rot-weiß gestrichenen Gatter und benützen dann den dahinter rechts abzweigenden Pfad. Er kürzt die etwas ausholende Kehre ab und trifft nach zehn Minuten wieder auf den Fahrweg, der sich kurz darauf gabelt. Auf dem unteren Weg kommen

wir später zurück, der obere bildet die Fortsetzung unserer Tour.

Der breite gute Weg zieht mit angenehmer Steigung an den Hängen des Ziegspitzkammes oberhalb des Schwarzenbachs talein mit Blick auf das steil emporragende Scharfeck, den letzten Gipfel unserer Tour. Auf dem in den Morgenstunden auch im Sommer großenteils schattigen Weg erreichen wir nach etwa eineinviertel Stunden den *Rotmoossattel,* die weite Einsenkung zwischen Kreuzspitzgruppe und Kramergruppe.

Hier zweigt, beschildert mit Frieder, unser Aufstiegsweg zum Friederspitz ab. Der schmale, aber gute, nirgends rutschige Steig leitet in vielen Kehren am grasigen Hang mit lichtem Baumbestand aussichtsreich empor, immer wieder mit schönem Blick auf das Zugspitzmassiv und den Ziegspitzkamm mit dem gezackten Rauhenstein. Unser Steig tritt schließlich auf die baumfreien vom Lausbichel herabkommenden Hänge hinaus und erreicht in scharfer Rechtswendung nach wenig ansteigender Querung die hübsch auf einem Grasabsatz gelegene, nicht bewirtschaftete *Friederalm.* Von hier ist es, nach zehn Minuten an einer guten Quelle und weiter oben an einer Fülle Stengellosen Enzians vorbei, noch eine Stunde zum Gipfel des *Friederspitz* mit großem Kreuz und Buch.

Eine umfassende Aussicht belohnt die über dreistündige Aufstiegsmühe. Beherrschend ist im Süden die Zugspitze. Nach Westen schauen wir auf die übrigen Gipfel der Kreuzspitzgruppe mit Schellschlicht, Kreuzspitzl, Kreuzspitze und den dahinter aufragenden Geierköpfen. Im Südosten, weit unter uns, der Ziegspitzkamm vor der Kulisse des Wettersteingebirges. Und im Norden steht nah unser nächstes Ziel, der rundliche Frieder.

Der kleine, gut halbstündige Abstecher zum *Frieder* lohnt wegen des hübschen Blicks auf den Friederspitz mit der Zugspitze im Hintergrund und wegen des veränderten Blickwinkels auf den zentralen Teil der Kreuzspitzgruppe. Besonders zeigt sich von dort eindrucksvoll der lange, türmereiche

Verbindungsgrat zwischen Friederspitz und Kreuzspitzl mit seinem sanften grünen Sattel am tiefsten Punkt. Die Begehung dieses Grats ist eine der anspruchsvollsten Unternehmungen in den Ammergauer Alpen, die Kletterfertigkeit und Kondition erfordert, vor allem wegen der langen Anstiege zu den Ausgangsgipfeln.

Steigspuren leiten auf dem gutgestuften Grasrücken in den 75 Meter tiefer liegenden Sattel und jenseits, im oberen Teil als kleiner Steig, zum *Friedergipfel* mit winzigem Kreuz. Beim Rückweg bleibt uns nicht erspart, nochmals den Friederspitz zu besteigen. Die steilen felsigen Flanken gestatten eine Umgehung nicht.

Zur Fortsetzung unserer Tour steigen wir vom *Friederspitz* ein Stück auf Trittspuren am sanft abfallenden, im oberen Teil nach Südwesten ziehenden Rücken ab und wenden uns dann dem weiten grünen Sattel zwischen Friederspitz und *Lausbichel* zu. Dieser ganz unbedeutende Grasmugel lohnt den kurzen Aufstieg von nur dreißig Höhenmetern zu einer genüßlichen Rast mit schöner Aussicht. Vom Lausbichel, den man auf Pfadspuren umgehen kann, steigen wir zum Beginn des Scharfeck-Nordwestrückens ab und gelangen auf dem wenig geneigten, fast bis zum höchsten Punkt latschenfreien Rücken, nur die letzten Meter durch einige niedere Latschen zum Gipfel mit faszinierendem Blick auf die Zugspitze und hinab ins Loisachtal.

Für den Rückweg vom Scharfeck ist es am besten, über die geröllbedeckten Schrofen der Südwestseite etwa 15 Höhenmeter abzusteigen und in der hier beginnenden breiten horizontalen Latschengasse nach rechts auf Pfadspuren zum Ansatz des Nordwestrückens hinüberzuqueren. Natürlich kann man so auch zum Scharfeck aufsteigen, wenn man die kurze Latschenpassage am Gipfel vermeiden möchte. Die im Aufstieg rechts abzweigende, etwas abwärts führende Pfadspur ist hier deutlich zu erkennen.

Wir folgen nun dem Kamm so weit, bis wir am Rand der markanten, nach Westen hinabziehenden Schlucht auf unseren Abstiegsweg stoßen, einen schmalen, nicht sehr ausgeprägten Pfad mit alter gelber Markierung, auf den wir gleichfalls treffen, wenn

**Frieder, Friederspitz und Scharfeck
vom Ziegspitzsattel.**

Die Zugspitze bildet beim Aufstieg zum Friederspitz eine faszinierende Kulisse.

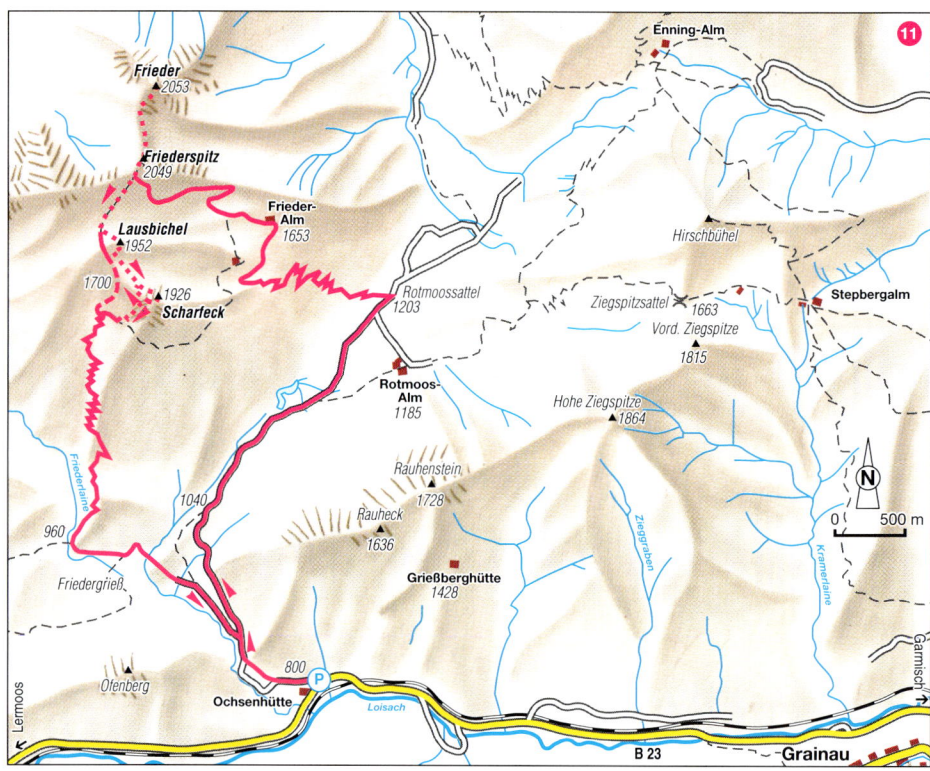

wir den Lausbichel rechts umgehen und auf das Scharfeck verzichten. Er leitet über einen Wiesenrücken zu einer Mulde am Waldrand unterhalb des Scharfecks. Wir können hierher vom Scharfeck auch direkt absteigen, was allerdings nur unwesentlich schneller geht: Nach Abklettern der Schrofen am Gipfel folgen wir der 15 Meter tiefer liegenden horizontalen Latschengasse 40 Meter und steigen dann in der hier beginnenden in Hangrichtung verlaufenden, oben breiten, weiter unten sehr schmal werdenden Gasse auf Trittspuren ab. Hinter einem Latschendurchschlupf stoßen wir auf eine querlaufende Pfadspur, der wir so weit nach rechts folgen, bis wir über Gras und Geröll zu einem deutlichen Querpfad absteigen können. Er führt in wenigen Minuten nach rechts zum gelb markierten, vom Friederberg herabkommenden Weg. Diese Route setzt ein wenig Orientierungsvermögen und Übung im weglosen Gehen voraus.

Der gelb markierte Weg zieht nun in vielen Kehren am bewaldeten Grasrücken hin-ab, paßt sich geschickt der Geländeform an, mitunter steil und schrofig. Er ist bei weitem nicht so bequem wie der Aufstiegsweg über die Friederalm, im unteren Teil auch nicht immer deutlich, mit einiger Aufmerksamkeit aber stets erkennbar. Je tiefer wir kommen, immer mit Blick auf das Zugspitzmassiv, desto mehr beherrscht die Kiefer das Waldbild. Ganze Hänge sind von Kiefern bedeckt, die mit ihren tiefgreifenden Pfahlwurzeln die Wirbelstürme von Anfang 1990 besser überstanden haben als die flachwurzelnden Fichten. Mit ihren leuchtend rotbraunen Stämmen und Ästen bilden sie in der Nachmittagssonne einen reizvollen Kontrast zur blaugrauen Kulisse des Wettersteingebirges. So bietet auch der Abstieg ansprechende Fotomotive. Der Weg endet schließlich am Friedergrieß, einer ausgedehnten, von Büschen durchsetzten Kiesfläche. An ihrem linken Rand gehen wir, wie aus der Karte ersichtlich, zum breiten Forstweg und wandern hier zum Ausgangspunkt an der Ochsenhütte zurück.

Kramergruppe

Es ist die hinsichtlich alpiner Anforderungen bescheidenste der in diesem Buch erfaßten Gruppen der Ammergauer Alpen. Der Kramer, höchster Gipfel und Namensgeber, dominiert seine Nachbarn bei weitem nicht so wie etwa Säuling und Hochplatte die ihren. Von Garmisch-Partenkirchen und dem Loisachtal aus gesehen ein durchaus markanter Berg, wirkt er von seinen Nachbargipfeln eher unscheinbar. Kletterberge kann die Gruppe nicht aufweisen, die Gipfel zeigen sanftere Formen und bieten dadurch leichte und sehr ansprechende Kammwanderungen. Die südöstliche Randlage über dem Loisachtal mit den jenseits hoch aufragenden Felsgipfeln des Wettersteingebirges macht in erster Linie die Attraktivität unserer Gruppe aus. Der Blick vom Kramer, noch mehr vom Ziegspitzkamm (Tour 12) auf das gewaltige Zugspitzmassiv ist faszinierend.

Die Gruppe ist im Norden durch das Graswangtal, im Osten und Süden durch die Loisach begrenzt. Im Westen endet sie an der langen Talsenke von Elmaubach und Schwarzenbach, deren Wasserscheide der Rotmoossattel bildet. Er stellt die Verbindung zur benachbarten Kreuzspitzgruppe her. Der weite Sattel der Enningalm trennt unsere Gruppe in einen nördlichen und südlichen Teil. Der Nordteil ist fast ganz von den Bergen ausgefüllt, die das Kühalmbachtal umrahmen. Sie bieten eine zwar lange, aber leichte und sehr lohnende Kammwanderung von der Notkarspitze über Brünstelskopf, Zunderkopf, Vorderfelderkopf und Windstierlkopf zum Kienjoch, der höchsten Erhebung im Nordteil der Gruppe, und weiter zur Kieneckspitze. Sie ist in meinem Buch »Bergtouren mit Pfiff« beschrieben.

Für Touren im Südteil der Gruppe kommt als Ausgangsort nur das Loisachtal in Betracht. Wegen dessen tiefer Lage sind die Anstiege trotz der geringen Gipfelhöhen verhältnismäßig lang.

Der Ziegspitzkamm vor der mächtig aufragenden Zugspitze, wie er sich vom Windstierlkopf im Nordteil der Kramergruppe darbietet.

12 Über den Ziegspitzkamm

Wenig bekannt, besonders schöne Kammwanderung im Bann der Zugspitze

Charakter: Eine sehr schöne Gratwanderung ohne Schwierigkeiten mit herrlichen Ausblicken auf das Wettersteingebirge. Aufstieg zur Hohen Ziegspitze auf markierten Wegen. Am Verbindungsgrat zum Rauhenstein deutlicher Steig. Die Besteigung des Rauhensteins setzt etwas Erfahrung im Latschengelände voraus. Der Abstieg vom Rauheck über den Westrücken verlangt Bergerfahrung, der Abstieg auf der Normalroute über die Grießberghütte ist ohne jede Schwierigkeit.
Ausgangsort: Parkplatz an der Ochsenhütte an der Straße Garmisch – Lermoos, 800 m.
Geeignete Zeit: (Mai) Juni bis Oktober.
Gipfel: Vordere Ziegspitze, 1815 m – Hohe Ziegspitze, 1864 m – Rauhenstein, 1728 m – Rauheck, 1636 m.
Steighöhen und Gehzeiten: *Gesamttour:* 1300 m, 6 bis 6½ Stunden; *ohne Rauhenstein:* 1230 m, 5½ bis 6 Stunden; *ohne Rauheck:* 1260 m, 5½ bis 6 Stunden; *nur Vordere und Hohe Ziegspitze mit Abstieg über Grießberghütte:* 1190 m, 5¼ bis 5¾ Stunden.

Der Ziegspitzkamm bildet den südwestlichen Ausläufer der Kramergruppe, ein Höhenzug, der das Loisachtal von Grainau bis zur Einmündung des Schwarzenbachs begleitet. Vom Kramer, der höchsten Erhebung der Gruppe, ist der Ziegspitzkamm durch die Einsenkung bei der Stepbergalm getrennt. Dank seiner freien Lage unmittelbar über dem Loisachtal bietet der Kamm eine hervorragende Aussicht auf das Wettersteingebirge, besonders auf die Zugspitze mit dem Jubiläumsgrat genau gegenüber und ermöglicht eine attraktive Gratwanderung, die selten ausgeführt wird.

Unser Kamm gipfelt in der Hohen Ziegspitze und sinkt dann nach Südwesten über den Rauhenstein und das Rauheck ins Schwarzenbachtal ab, zwei felsige Gipfel, die mit schroffen Wänden nach Norden zur Rotmoosalm abbrechen. Von dort bietet vor allem der in mehrere Türme gespaltene Felsgipfel des Rauhensteins einen eindrucksvollen Anblick. Er sieht recht unnahbar aus, läßt sich aber bei der Kammwanderung von Süden zwar weglos, doch relativ einfach besteigen. Das gilt auch für das Rauheck.

Verzichtet man auf diese beiden letzten Gipfel des Kammes, so hat man eine hübsche leichte Gratwanderung auf durchgehendem Steig und gelangt ohne Schwierigkeit über die Grießberghütte zum Ausgangspunkt zurück. Das Gratstück von der Hohen Ziegspitze bis zum Fuß des Gipfelaufbaus des Rauhensteins ist ohnehin der interessanteste und reizvollste Abschnitt der ganzen Rundtour. Im Tourenprofil sind die Varianten mit und ohne Besteigung von Rauhenstein und Rauheck dargestellt.

Der Wegverlauf

Ausgangsort ist wie bei Tour 11 der *Parkplatz an der Ochsenhütte* im Loisachtal. Wie dort wandern wir auf dem gleich hinter dem rot-weißen Gatter rechts abzweigenden Pfad Richtung Rotmoosalm. Er mündet nach zehn Minuten in den Fahrweg, der an den Nordwesthängen des Ziegspitzkammes talein zieht. Kurz bevor er aus dem Hochwald tritt, zweigt rechts der schmale, anfangs steinige Pfad zur Rotmoosalm ab, etwa 50 Minuten von der Ochsenhütte. Das Schild »Rotmoos – Stepbergalm« steht einige Meter höher etwas versteckt hinter Bäumen. Von hier erreichen wir nach einer knappen Viertelstunde durch Wald die *Rotmoosalm*, drei kleine Hütten am Rand des Rotmoossattels.

Wir folgen nun dem Fahrweg, von dem kurz darauf der Weg zur Stepbergalm (Schild Enning – Kramer) abzweigt. Der gute breite Forstweg zieht in angenehmer Stei-

Der Rauhenstein über der Rotmoosalm.

Der zerklüftete Rauhenstein rückt näher. Im Hintergrund die Gipfel des Danielkammes.

gung, immer wieder schöne Ausblicke auf den zerspaltenen Felsgipfel des Rauhensteins bietend, in vielen Windungen zum *Ziegspitzsattel* empor, der Einsenkung zwischen Hirschbühel, links, und Vorderer Ziegspitze. Dieser Aufstieg zum Ziegspitzsattel, von dem man erstmals einen Blick auf das Gebiet der Stepbergalm und den Kramer hat, ist mit rund zweieinhalb Stunden vom Parkplatz an der Ochsenhütte lang, aber keineswegs langweilig; es ist eine hübsche aussichtsreiche Waldwanderung, kein notwendiges Übel, wie es manche lange Anmarschwege zum eigentlichen Gipfelziel mitunter sind. Am Ziegspitzsattel haben wir den äußersten Punkt unserer Rundtour erreicht. Von nun an bringt uns jeder Schritt dem Ausgangspunkt wieder näher.

Am Sattel beginnt der deutliche Steig zur Höhe des Ziegspitzkammes. Er führt zunächst auf dem freien Nordrücken der *Vorderen Ziegspitze,* dann in ausholender Linkskehre zum Kamm, wo wir feststellen, daß die Vordere Ziegspitze eigentlich kein Gipfel, sondern nur eine Schulter im Nordostrücken der hohen Ziegspitze ist. Sie können die paar Höhenmeter über Gras hinaufsteigen oder gleich auf dem wenig abfallenden Kammweg zum Ansatz der Gipfelkuppe der *Hohen Ziegspitze* weitergehen. Die letzten 60 Höhenmeter zum Kreuz sind dann schnell geschafft.

Die Hohe Ziegspitze bietet eine faszinierende Aussicht und ist dadurch auch für sich allein ein Ziel, das den langen Anmarsch lohnt. Die Attraktion sind natürlich die Zugspitze und die übrigen Felsgipfel des Wettersteingebirges. Nach Nordwesten schauen

Blick in die Nordabbrüche des Rauhensteins.

Gipfelrast auf dem Rauhenstein. Im Hintergrund rechts die Hohe Ziegspitze.

wir auf die grasigen Höcker von Friederspitz und Frieder und den nach Süden vorgeschobenen steilen Kegel des Scharfecks, denen die Tour 11 gilt. Nach Südwesten zieht ein von kleinen Felsköpfen besetzter Gratrücken zum gezackten Rauhenstein, unserem nächsten Gipfelziel.

Die nun folgende Gratwanderung macht keine Schwierigkeiten. Über den grasigen Rücken geht es zunächst zu einer Kuppe,

wo ein deutlicher Steig beginnt. Er bleibt ein Stück auf der Kammhöhe, umgeht dann eine felsige Graterhebung rechts unterhalb über Schrofen und Geröll in einen Sattel und überschreitet einen Kopf, der mehr Gipfelcharakter hat und eher einen Namen verdiente als die Vordere Ziegspitze.

Dieser Gratabschnitt ist der schönste Teil der Tour, der an Türmchen und Felsnadeln vorbei reizvolle Ausblicke ins Loisachtal und auf die Zugspitze bietet. Das Steiglein ist nirgends zu verfehlen, die schrofigen Passagen erfordern sicheren Tritt, sind aber ganz unschwierig.

Vom namenlosen Kopf absteigend erreichen wir bald den »Einstieg« am Rauhenstein. Der 70-Meter-Aufstieg über die dicht mit Latschen überzogene Südostflanke beginnt dort, wo unser Steig sich nach links einem nach Süden weisenden Seitenrücken zuwendet. Hier zieht eine etwa 15 Meter hohe latschenfreie Schneise zu einigen Fichten, zu denen wir auf steilen Tritten emporsteigen. Hinter der großen Latsche beginnt eine deutliche Pfadspur, die zunächst einige Meter horizontal, dann nach rechts ansteigend durch die Latschen bis fast zur Kammhöhe führt. Unser Pfad knickt an dieser Stelle, von der man erstmals den Gipfelblock sieht, nach links ab und leitet einige Meter fallend, dann wieder steigend in wenigen Minuten zu einem kleinen Sattel, der einen jähen Blick in die steilen nordseitigen Abbrüche des Rauhensteins bietet. Wir folgen nun der hier beginnenden breiten horizontalen Latschengasse, an deren Ende unsere Pfadspur nach rechts zum Fuß des Gipfelblocks zieht. Er wird auf steilen Erdtritten an seiner linken Seite erstiegen. Diese Route bildet am *Rauhenstein* die einzige vernünftige Aufstiegsmöglichkeit durch den sonst überall dichten Latschengürtel. – Kreuz und Buch.

Die Aussicht vom Gipfel nach Süden auf das Wettersteingebirge ist ähnlich wie die von der Hohen Ziegspitze, nach Norden hat man einen eindrucksvollen Blick steil hinab auf die Böden der Rotmoosalm. – Genau auf der Anstiegsroute steigen wir zum Weg ab. Der ganze Abstecher zum Rauhenstein dauert etwa dreißig Minuten.

Vom »Ausstieg« am Rauhenstein führt unser Weg auf dem Seitenrücken zu einer grasigen, mit einigen Fichten bestandenen Schulter. Hier müssen Sie sich entscheiden, ob Sie auch das Rauheck besteigen oder

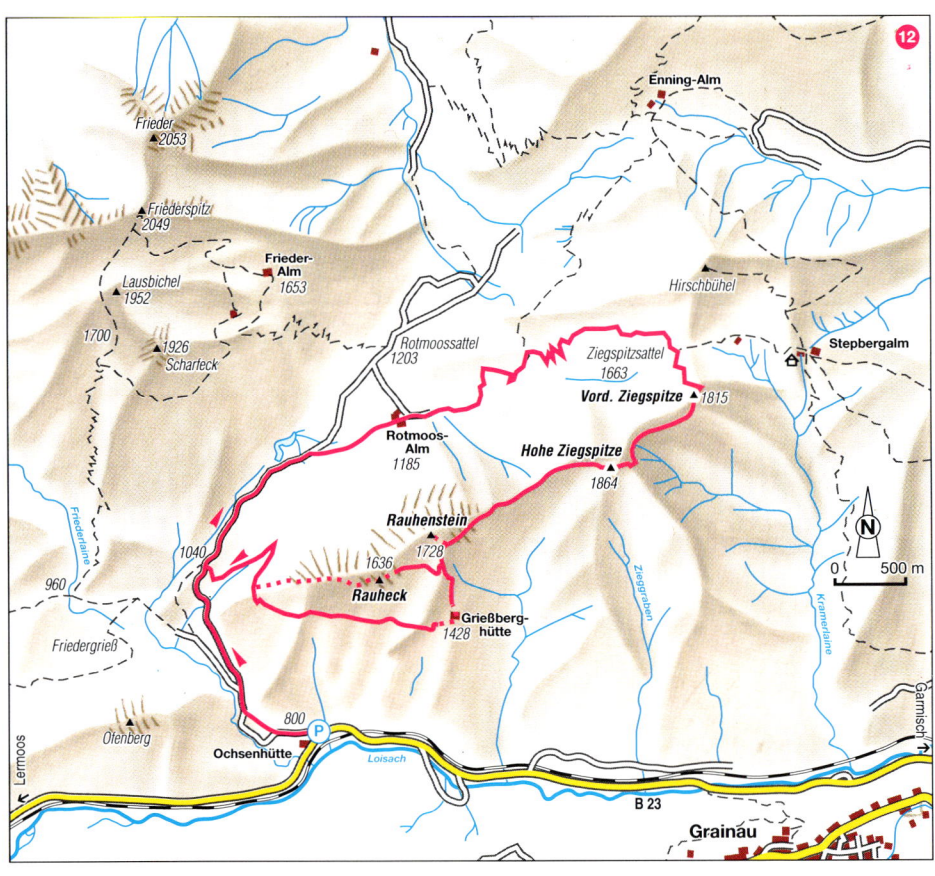

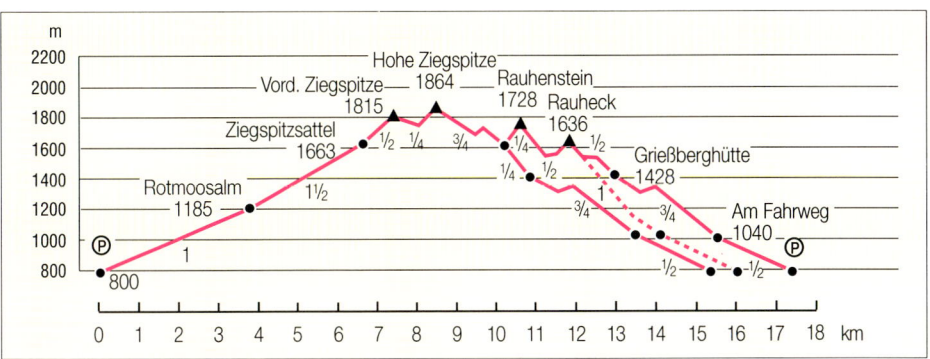

gleich zur *Grießberghütte* weitergehen wollen. Dazu folgt man der schwachen Pfadspur im Gras, die kurz darauf in einen deutlichen Steig übergeht. Er leitet auf der linken Seite des Rückens, dann in Kehren durch den Latschengürtel zu einem ebenen Absatz, an dessen Rand die kleine Grießberghütte steht. Von hier gelangen wir auf anfangs im Gras kaum erkennbarem Pfad, der sich aber im Waldbereich deutlich ausprägt, an den Südhängen des Rauhecks entlang

und um dessen Westrücken herum, am Schluß auf einem nach links abbiegenden breiten Forstweg zum Fahrweg und zum Parkplatz zurück.

Man kann von der grasigen Schulter aber auch problemlos das *Rauheck* besteigen: In scharfer Rechtswendung zweigt hier ein schmaler, auf den ersten Metern ganz undeutlicher Pfad ab, der ziemlich horizontal in weitem Bogen am Hang zum sichtbaren rundlichen Kopf des Rauhecks hinüberzieht.

Die Grießberg-Diensthütte.

Nach kurzem Anstieg auf Grastritten erreicht man einen Sattel rechts vom Gipfel und in einer Latschengasse den höchsten Punkt.

Am einfachsten ist es, auf dem Anstiegsweg zur grasigen Schulter zurückzugehen, dort auf der Normalroute zur Grießberghütte abzusteigen und, wie schon beschrieben, zum Ausgangspunkt zu wandern. Erheblich anspruchsvoller, aber auch interessanter ist der Abstieg vom Rauheck direkt über den Westrücken, der trotz der vorhandenen Trittspuren Orientierungssinn und Übung im stellenweise steilen Gelände abfordert.

Der Rücken bricht nach Norden zur Rotmoosseite steilfelsig ab, während nach Süden jähe Hänge ins Loisachtal hinabziehen. Die Route verläuft daher auf oder dicht neben der Kammhöhe. Zunächst steigen wir auf Trittspuren etwa dreißig Höhenmeter zu einer nach rechts weisenden Latschengasse ab, die an einem kleinen Sattel vor einem Felskopf endet. Er wird auf einem Geröllband umgangen. Eine Pfadspur führt einige Meter empor, dann folgt man einem Grasband etwas unterhalb der Kammhöhe. Auch hier sind Pfadspuren zu erkennen, die später auf dem Rücken und in Latschengassen links davon verlaufen. Der anschließende steile Abschwung, den man auf guten Tritten überwindet, geht in einen flacheren Abschnitt des Westrückens über. Er bricht, nun schmal, sehr steil und teils felsig ab. Eine deutliche Pfadspur umgeht den Abbruch in einer kurzen Rechtskehre. Auf einem Band unterhalb der Felsen gelangen wir zur Fortsetzung des grasigen, licht bewaldeten Rückens. Zunächst geht es in steilen Grasschrofen ein Stück hinab, dann halten wir uns am besten auf der linken Seite des nun breiten Rückens und erreichen im allmählich verflachenden Gelände bald den von der Grießberghütte herabkommenden Weg.

Das Rauheck von der Grasschulter beim Abstieg zur Grießberg-Diensthütte.

Das untere Vilstal mit Pfronten-Steinach, Saloberkamm und Ammergauer Alpen vom Pfrontner Berg.

Vilsgebiet

Auf ihrem Weg vom Vilsalpsee zur Einmündung in den Lech vor Füssen nördlich der Ulrichsbrücke macht die 32 Kilometer lange *Vils* merkwürdige und recht heftige Verrenkungen. Der Ausfluß am Vilsalpsee und die Mündung in den Lech liegen nur 15 Kilometer Luftlinie auseinander, was zeigt, daß die Vils, diktiert durch die Geländeform, zu einem erheblichen Umweg gezwungen wurde. Den Vilsalpsee in nördlicher Richtung verlassend biegt sie in Tannheim nach Westen ab, nimmt ein Bächlein, die Berger Ache, auf und trifft bald vor dem Oberjoch, der westlichen Wasserscheide des Tannheimer Tals, auf eine unüberwindliche Barriere, die sie erneut nach Norden lenkt. Zunächst windet sie sich durch die Grasbuckel des hier noch breiten Tals, das an einem 50 Meter tiefen Abbruch endet. An einem Wehr aufgestaut wird ein Teil ihres Wassers zur Stromerzeugung in einem kleinen Kraftwerk am Fuß des Abbruchs genützt, der Rest stürzt in mehreren Kaskaden, dem Vilsfall, in die von hohen Felsen begrenzte Schlucht. Danach weitet sich das Tal, das Bächlein bei Tannheim hat sich inzwischen zu einem ganz ansehnlichen Flüßchen gemausert, das nun, behäbig geworden, nach Nordosten abbiegt und Pfronten zueilt, wo es kurz nach Süden strebt und dann, der vielen Verrenkungen müde, sich endgültig in östliche Richtung wendet und im breiten Tal durch das Städtchen Vils dem unvermeidlichen Ende im Lech entgegenströmt. So ist die Vils ein ganz besonderes Flüßchen, das alle vier Himmelsrichtungen durchfließt. Genauso abwechslungsreich sind auch die Bergkämme, die sie auf ihrem Weg begleiten. Die hier ausgewählten bieten besonders hübsche und attraktive Rundtouren:

- Vom Brentenjoch zur Sefenspitze
- Vom Einstein zum Rappenschrofen
- Jochschrofen, Hirschberg und Spieser
- Die Sorgschrofenüberschreitung
- Vom Himmelreich über den Kienbergkamm

- Vom Milchhäusl zum Pfrontner Berg
- Der Saloberkamm
- Roter Stein und Vilser Kegel.

Natürlich gehören hierher auch die Berge im Gebiet des Vilsalpsees. Sie sind in meinem Buch »Bergtouren mit Pfiff« ausführlich beschrieben.

Aurikeln am Brentenjoch-Westrücken.

13 Vom Brentenjoch zur Sefenspitze

Reizvolle Viergipfeltour zwischen Tannheimer Tal und Vilstal

Charakter: Eine aussichtsreiche, landschaftlich sehr reizvolle Rundtour im Westkamm der Tannheimer Berge, die im Gegensatz zum überlaufenen Aggenstein und den häufig besuchten Gipfeln des Hauptkammes noch recht einsam ist. Die Kammwanderung über das Brentenjoch zum Roßberg erfordert sicheren Tritt, die Überschreitung der Sebenspitze zur Sefenspitze Übung im weglosen Gehen und im Schrofengelände.
Ausgangsort: Parkplatz der Bad Kissinger Hütte (vormals Pfrontner Hütte) bei Grän, 1140 m.
Geeignete Zeit: (Mai) Juni bis Oktober.
Gipfel: Brentenjoch, 2001 m – Roßberg, 1955 m – Sebenspitze, 1935 m – Sefenspitze, 1948 m.
Steighöhen und Gehzeiten: *Gesamttour:* 1350 m, 6½ bis 7 Stunden; *ohne Roßberg:* 1200 m, 5½ bis 6 Stunden; *nur Brentenjoch und Roßberg:* 1070 m, 4½ bis 5 Stunden.

Das Brentenjoch, der höchste Gipfel des Westkammes der Tannheimer Berge, dessen breite Nordflanke steil ins untere Vilstal abfällt, bildet den Auftakt zu einer besonders hübschen und abwechslungsreichen Tagestour, bei der man einen sehr instruktiven Einblick in diesen Teil der Allgäuer Alpen erhält. Bei unserer Tour bilden der vielbesuchte markante Aggenstein mit seinen schroffen Nordostwänden und der Hauptkamm der Tannheimer Berggruppe eindrucksvolle Blickpunkte. Im Gegensatz zum Aggenstein werden die beiden ersten Gipfel der Tour, Brentenjoch und Roßberg, verhältnismäßig wenig bestiegen, obwohl gerade dieser Gratübergang sehr reizvoll ist, während die weiteren, Sebenspitze und Sefenspitze, recht einsam sind. Sie erfordern allerdings etwas Übung im Schrofengelände, doch bieten auch Brentenjoch und Roßberg

für sich allein eine lohnende Tour, die in der zweiten Maihälfte, zur Blütezeit der Aurikeln, besonders ansprechend ist. Nicht nur für Blumenfreunde ist der Aufstieg zum Brentenjoch über den Westgrat im Bereich der beiden grasigen Aufschwünge und am Kamm zu dieser Zeit sehr schön. Da blühen kräftig gelbe Aurikeln in ungeahnter Größe und Fülle, und zartrosa Mehlprimeln, Schusternägele und Stengelloser Enzian vervollständigen den bunten Blumenteppich. Hier oben ist die Natur noch in Ordnung. Freuen Sie sich daran, aber gehen Sie sorgsam damit um.

Der Wegverlauf

Ausgangspunkt ist der *Parkplatz der Bad Kissinger Hütte* (vormals Pfrontner Hütte) bei Grän. Vom Parkplatz folgen wir der Fahrwegkehre – der frühere abkürzende Wiesenpfad an der kleinen Holzhütte vorbei darf zu Recht nicht mehr benützt werden – und stoßen nach einigen Minuten auf den breiten Forstweg, der wenig ansteigend zu dem beschilderten Aufstiegsweg zur Hütte leitet. Dieser führt, mehrmals Bäche überquerend, an den von der Hütte nach Süden streichenden Rücken heran. Die blauen Punkte sind übrigens keine Wegmarkierung, sondern dienten zur Festlegung der Trasse der neuen Hüttenwasserleitung. Wir können nun oberhalb der kleinen Bauhütte dem am Hang entlangziehenden Normalweg folgen oder, etwas kürzer, auf kleinem aber deutlichem Pfad unmittelbar über den aussichtsreichen Rücken aufsteigen, der weiter oben wieder auf den Normalweg trifft.

Bald erreichen wir den Verbindungskamm zwischen Aggenstein und Brentenjoch. Nach links geht es in einigen Minuten zur von Anfang Mai bis Ende Oktober bewirtschafteten *Bad Kissinger Hütte*. Die altbekannte Pfrontner Hütte der Alpenvereinssektion Ludwigsburg wurde von der Sektion Bad Kissingen erworben und hat seit dem 12. Juni 1994 ihren neuen Namen, an den sich die Aggensteinfreunde erst mal gewöhnen müssen. Außer dem Namen hat sich aber nichts geändert. Von der Hütte kann man in einer halben Stunde den Aggenstein besteigen. Wir wenden uns jedoch nach rechts und benützen ein kurzes Stück den Weg zum Füssener Jöchl bis unter den ersten Kammbuckel. Dort, wo der Weg in den Wald eintritt, zweigt nach links ein schwach ausgeprägter, aber erkennbarer Pfad ab, der etwas unterhalb der Kammhöhe leicht ansteigend an einem Felsfenster vorbei zur tiefsten Einsenkung führt. Der auf der Südseite dicht mit Latschen bewachsene Westrücken des *Brentenjochs* bricht nach Norden steil ab. Auf dem schmalen Streifen zwischen Latschen und Abbruch vollzieht sich unser Aufstieg, meist auf deutlichem Pfad, der stellenweise an einigen Einschnürungen ausgesetzt ist und trittsicheres Gehen erfordert, vor allem, wenn nordseitig noch Schnee liegt. An den beiden breiten Aufschwüngen leiten gute Tritte empor. Verschiedentlich weicht unser Pfad, wenn die Latschen bis unmittelbar an den Abbruch heranreichen, kurz nach rechts aus, kehrt aber immer gleich an die Kante zurück. Das letzte Stück zum Gipfel ist frei, und wir gelangen über den nur noch wenig ansteigenden Kamm zum großen Gipfelkreuz, dem höchsten Punkt unserer Tour.

Die Aussicht erfüllt bei gutem Wetter alle

Der markante Gratkopf wird auf einem schmalen Band umgangen.

Erwartungen: Weit geht der Blick auf der Nordseite über das Vilstal und die Füssener Seenplatte hinweg ins Alpenvorland. Im Westen erhebt sich der schroffe Felskegel des Aggensteins, während im Südosten über der Sebenspitze, unserem dritten Gipfelziel, der Hauptkamm der Tannheimer Berge mit Gehrenspitze, Kellespitze, Gimpel und Roter Flüh aufragt. Im Südwesten schauen wir auf die Berge im Gebiet des Vilsalpsees und die Gipfelvielfalt der Allgäuer Alpen, eine eindrucksvolle Szenerie.

Nach Süden zieht vom Brentenjoch ein breiter Rücken hinab zum Vilser Jöchl, über den wir später absteigen. Vorerst wenden wir uns aber unserem nächsten Ziel zu, dem Roßberg. Es ist der östliche Eckpunkt des Brentenjochmassivs. Dieser Abstecher, der etwa eine Stunde dauert, ist außerordentlich lohnend. Ein deutlicher Steig führt über einen felsigen Kammkopf zur kreuzgeschmückten Gipfelkuppe. Das nur wenige Meter lange scharfe Gratstück hinter dem er-

Beim Gratübergang vom Brentenjoch zum Roßberg.

sten Kammaufschwung umgeht der Steig links über eine plattige Stelle, die vorsichtiges und konzentriertes Gehen erfordert. Bei Nässe kann sie unangenehm sein. Es ist dann besser, das gutgriffige Gratl zu überklettern. Der Kopf bricht nach Nordosten mit senkrechter Wandstufe ab. Der Abbruch wird rechts auf Schrofentritten und einem schmalen Band umgangen. Auch hier ist das Steiglein nicht zu verfehlen. Wir erreichen kurz darauf die tiefste Einsenkung und über den nun bequemen Rücken den *Roßberg* mit großem Metallkreuz von 1978. Von diesem vorgeschobenen Standpunkt haben wir einen hübschen Blick auf den nahen Vilser Kegel und den Roten Stein über dem Vilstal (Tour 20) und auf Füssen mit seinen Seen.

Zur Fortsetzung unserer Tour gehen wir zum Brentenjoch zurück, verlassen den Steig jedoch unterhalb des Gipfels und queren am Hang zum Südrücken hinüber, auf dem ein Weg in vielen Kehren zum Vilser Jöchl hinabzieht. Hier haben wir zwei Möglichkeiten: Abstieg zum Ausgangspunkt oder Aufstieg zur Sebenspitze. Der direkte Rückweg zum Parkplatz dauert etwa eine Stunde (Variante 1), für die Überschreitung von Sebenspitze und Sefenspitze mit Rückkehr zum Ausgangspunkt können wir zweieinhalb bis drei Stunden ansetzen. Lohnend und interessant ist das allemal.

Für den *direkten Rückweg* steigen wir vom Jöchl in wenigen Minuten auf dem beschilderten Weg zur Sebenalpe ab. Hier leiten dürftige Pfadspuren unterhalb des zur Bad Kissinger Hütte führenden Wegs zu dem sanft abfallenden Grasboden, der links vom tief eingeschnittenen Tal des Seebachs begrenzt wird. Wir halten auf einen vom Bachtal durch einen schmalen Rücken getrennten gerölligen Graben zu, an dessen rechtem Rand sich unser Pfad nun deutlicher ausbildet. Er trifft bald auf den Seebach, der auf Steinen überschritten wird, und führt dann auf der linken Bachseite, nun als guter Weg, an den Nordhängen des Seichenkopfs entlang zu unserem Aufstiegsweg zurück,

Brentenjoch und Aggenstein beim Rückweg vom Roßberg.

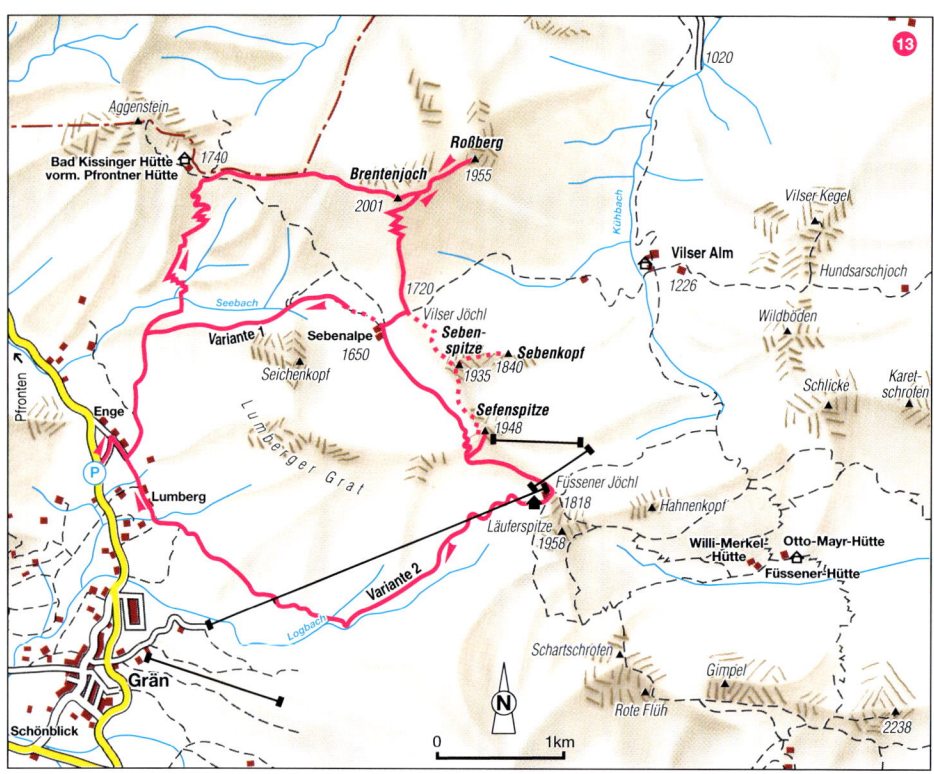

den er an einer Materialseilbahnstütze unweit des Parkplatzes erreicht. Wenn Sie
beim Abstieg von der Sebenalpe den un-
deutlichen Pfad verpassen, ist das auch kein
Unglück. Man hält sich dann weglos immer
ein Stück oberhalb des Seebachs in dem gut
gangbaren Gelände und trifft schließlich mit
Sicherheit auf die Übergangsstelle am Bach.

Eine *weitere Abstiegsmöglichkeit,* die allerdings etwas länger ist: Von der Sebenalpe
folgt man etwa zehn Minuten dem Weg zur
Bad Kissinger Hütte und benützt dann den
nach links abzweigenden, mit »Grän« beschilderten Steig, der den Seebach an der erwähnten Übergangsstelle erreicht. Er ist etwas umständlich geführt und stellenweise
steil. Der direkte, anfangs weglose Abstieg
ist bequemer.

Wenn Sie genügend Zeit und ein wenig
Übung im Schrofengelände haben, sollten
Sie die *Kammwanderung* fortsetzen. Der
Aufstieg vom Vilser Jöchl zur *Sebenspitze* ist
in dem übersichtlichen Gelände kein Pro-
blem. Zunächst steigen wir im Gras zu einer

Latschenlücke auf. Von hier führt eine Pfadspur leicht steigend durch eine Latschengasse zu den vom Jöchl aus sichtbaren freien
Hängen, wo wir in kurzen, der Bodenform
angepaßten Kehren auf guten Grastritten bis
dicht unter die Kammhöhe emporsteigen.
Wir gehen nun auf die felsige Gipfelkrone
zu und queren unterhalb nach rechts zu einer Rinne, aus der wir leicht auf den Kamm
gelangen und dort auf den nahen Gipfel.
Die Gipfelkrone kann auch links umgangen
werden, das ist etwas steiler und dauert eher
länger.

Von der Sebenspitze zieht ein felsiger,
teils mit Latschen bedeckter Grat nach Nordosten hinüber zum hundert Meter niedrigeren *Sebenkopf,* der mit senkrechter, schwierigste Kletterführen aufweisender Wand
nach Südosten abbricht. Der Gratübergang
zum Kreuz von 1964 ist für Geübte unschwierig (I). Hin- und Rückweg erfordern je
etwa eine halbe Stunde. Die Grathöhe wird
dabei teils überschritten, teils nordseitig umgangen. Nur der kleine Gipfelkopf verlangt

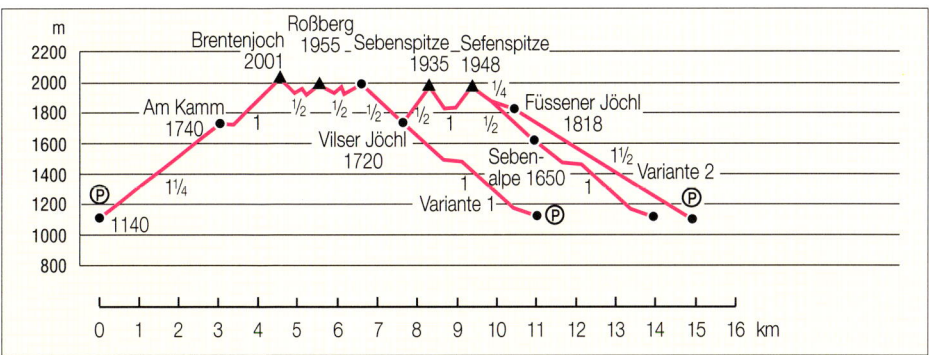

leichte Kletterei. Beim Abstieg von der Sebenspitze zum eigentlichen Grat gibt es einige kurze Latschenpassagen.

Der *Übergang zur Sefenspitze* ist der anspruchsvollste Abschnitt unserer Tour. Der
Abstieg von der Sebenspitze nach Süden geschieht in der am Gipfel ansetzenden, von
hier voll einsehbaren Rinne. Sie läuft oben
in zwei Ästen aus. Beide Rinnenäste sind
steil, aber gut gestuft. Der linke Ast beginnt
unmittelbar am Gipfel, der andere einige
Meter rechts. Beide treffen nach einigen
Höhenmetern auf ein Band, dem wir nach
links folgen. Am besten ist es, vom Ende des
Bandes auf Schrofentritten nach rechts zu
dem schwach ausgeprägten Rücken hinüberzuqueren, dort bis zu einem Felsköpfchen und dann nach links in die nun breite,
aber immer noch steile geröllige Rinne abzusteigen. Hier geht es so weit hinab, bis wir
auf Pfadspuren unterhalb der Felsen zu einem einige Meter langen Grasgrat queren
können. Jenseits leiten Grastritte hinab zu
dem schmalen Rücken, der zum Ansatz des
Gipfelaufbaus der Sefenspitze zieht. Natürlich läßt die Rinne im unteren Teil auch andere Abstiegsvarianten zu, doch erscheint
mir die beschriebene am günstigsten und si-
chersten. Lassen Sie sich auf jeden Fall Zeit
und steigen Sie sorgfältig und konzentriert
ab.

Der Übergang auf dem Rücken ist stellenweise durch Latschen behindert, die auf
Pfadspuren umgangen werden. Im mittleren
Abschnitt geht man rechts vom Weidezaun.
Dem letzten Latschenstreifen weicht man
nach links aus und quert dann an dessen
oberem Ende zum Westrücken der *Sefen-*

spitze, wo man über Gras und leichte
Schrofen rasch den Gipfel erreicht.

Von hier führt ein Steiglein in einigen Minuten hinunter zu einer kleinen Einsattelung. Dort treffen wir auf den Verbindungsweg Füssener Jöchl – Bad Kissinger Hütte. Er
leitet in einer halben Stunde zur Sebenalpe,
von der wir, wie schon beschrieben, zum
Parkplatz bei Grän zurückwandern.

Von der kleinen Einsattelung unterhalb
der Sefenspitze gibt es noch eine andere Abstiegsmöglichkeit, die nicht viel länger ist als
der Rückweg über die Sebenalpe. Unser erstes Ziel ist dabei das *Füssener Jöchl* mit der
Bergstation des von Grän heraufkommenden
Sessellifts (Variante 2). Den Hochbetrieb an
schönen Sommertagen haben wir bald hinter uns, wenn wir auf dem beschilderten
Weg im Liftbereich weiter absteigen. Er ist
streckenweise steil und geröllig, bietet aber
hübsche Ausblicke auf das Tannheimer Tal
und seine Bergwelt. Nach einer halben Stunde stößt unser Weg auf den Logbach. Hier
folgen wir dem mit »Grän« beschilderten
Forstweg bis dorthin, wo er schon dicht über
dem Talgrund scharf nach links zum nahen
Grän abbiegt. Auf schmalem Pfad gelangen
wir, wie auf der Karte dargestellt, in einigen
Minuten hinab zur Straße und wandern an
den Häusern von Lumberg vorbei zum Parkplatz zurück.

Diese Variante des Rückwegs bietet
außerdem die Möglichkeit, vom Füssener
Jöchl aus mit einer guten halben Stunde
Mehraufwand die nahe *Läuferspitze* auf or-
dentlichem, am Gipfelaufbau seilgesichertem Steig zu besuchen – ein durchaus lohnender Abstecher.

Lohnender Abstecher auf den Sebenkopf.
Im Hintergrund die Schlicke.

14 Vom Einstein zum Rappenschrofen

Das Schönste am vielbesuchten Einstein: der kaum bekannte Gratübergang zu seinem östlichen Eckpunkt

Charakter: Eine ganz reizende, recht einsame Kammwanderung, die besonders für Frühjahr und Herbst geeignet ist. Sie erfordert Trittsicherheit und Schwindelfreiheit, bietet aber keine klettermäßigen Schwierigkeiten. Die Ausblicke ins Tannheimer Tal und seine Bergwelt sind einmalig schön.
Ausgangsort: Berg bei Tannheim, 1110 m.
Geeignete Zeit: (April) Mai bis November.
Gipfel: Einstein, 1867 m – Rappenschrofen, 1549 m.
Steighöhen und Gehzeiten: *Gesamttour:* 860 m, 4 bis 5 Stunden; *nur Einstein:* 760 m, 2½ bis 3 Stunden.

Sicher kennen Sie den Einstein, den beliebten und vielbesuchten Aussichtsberg hoch über dem Tannheimer Tal. Aber kennen Sie auch den Gratübergang zum Rappenschrofen, dem Endpunkt im langen Ostgrat des Einsteinmassivs? Es ist eine landschaftlich außerordentlich reizvolle und aussichtsreiche Kammwanderung, die wenig bekannt ist und selten ausgeführt wird, obwohl sie wesentlich abwechslungsreicher ist als die Besteigung des Einsteins selbst. Wenn Sie

ein wenig Übung im weglosen Gehen haben, trittsicher und schwindelfrei sind, wird diese Überschreitung Ihnen Spaß machen. Klettermäßig stellt sie kaum Anforderungen, die kurzen Kletterstellen sind unschwierig.

Die Tour kann im allgemeinen schon ab April durchgeführt werden, da die hier begangenen Südflanken frühzeitig ausapern. Am schönsten ist es, wenn der Verbindungskamm ganz aper und trocken ist, doch sollte auch eine leichte Schneeauflage kein Hinderungsgrund sein, vorausgesetzt, daß die kurzen felsigen Abschnitte, vor allem der helle Gratkopf im mittleren Teil, schneefrei sind. Das aber sieht man gut vom Einsteingipfel aus. Natürlich ist dann besonders vorsichtiges Gehen notwendig. Falls Sie die Gratüberschreitung nicht machen wollen oder die Bodenverhältnisse zu ungünstig sind: Der Einstein ist auch für sich allein ein lohnendes Ziel. Man steigt dann auf dem Anstiegsweg wieder ab.

Der Wegverlauf

Ausgangsort für diese Tour ist *Berg bei Tannheim,* das man über Pfronten/Grän, Wertach/Oberjoch oder Hindelang/Oberjoch erreicht. Wer von Grän kommt, biegt hundert Meter hinter der Ausfahrt Tannheim nach rechts auf eine schmale Asphaltstraße ab, die in die Verbindungsstraße Tannheim – Berg mündet. Aus Richtung Oberjoch fährt man entweder nach Tannheim hinein und gelangt durch eine kleine Unterführung zu unserem Ausgangsort, oder man benützt gleichfalls die schmale Asphaltstraße. In Berg sind die Parkmöglichkeiten zwar be-

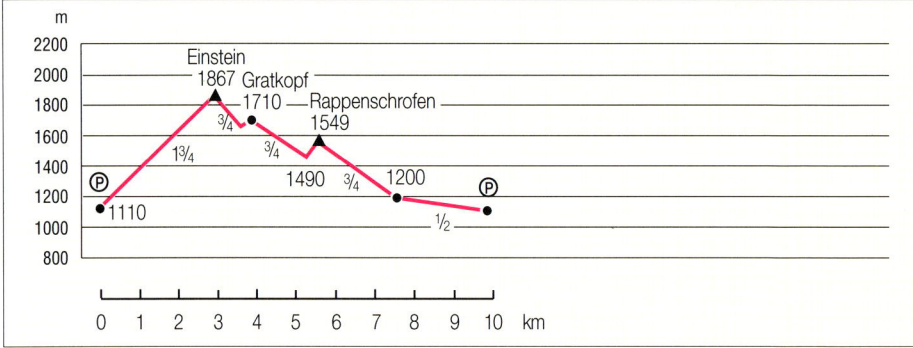

Beim Gratübergang zum Rappenschrofen bilden der felsige Gratkopf und die Gipfel des Tannheimer Hauptkammes eine eindrucksvolle Kulisse.

schränkt, doch finden Sie sicher einen Platz bei einem der Gasthöfe, deren Besitzer Ihnen die Bitte um Parkerlaubnis nicht abschlagen werden. Gegebenenfalls stellt man den Wagen auf dem großen Parkplatz der Neunerköpfl-Sesselbahn in Tannheim ab und muß dann den zehn Minuten längeren Anmarsch in Kauf nehmen.

Der Aufstiegsweg zum Einstein beginnt in *Berg* am oberen Ortsende. Zunächst führt ein Fahrweg zu einem neuen Haus. Man folgt nun dem schmalen rot markierten Weg, entweder gleich hinter dem Zaun oder ein Stück links davon, der über die sanft ansteigenden grasigen, weiter oben bewaldeten Hänge, im unteren Teil mehrmals eine gewundene Forststraße überquerend, sehr unmittelbar an den Fuß des Gipfelaufbaus emporzieht. Hier leitet er in vielen Kehren in einer breiten, steilen Schneise zur Kammhöhe und dann nach links über teils plattiges Gestein, das stark abgetreten und bei Nässe etwas rutschig ist, zum Gipfel.

Da der *Einstein,* der einsame Stein, ganz frei und isoliert über dem Tannheimer Tal und der Enge steht, bietet er eine außergewöhnlich schöne und weitreichende Aussicht, auf die nahen Tannheimer Berge, auf die jenseits des Tals aufragenden Gipfel der Vilsalpseegruppe und weit in die Allgäuer Alpen hinein. Eindrucksvoll ist auch der Blick nach Norden ins Alpenvorland, faszinierend der Tiefblick ins Tannheimer Tal. Nach Osten schauen wir auf den Grat, den wir nun begehen wollen, mit einem markanten felsigen Kopf. Er bildet die Mitte unserer Gratwanderung, die der schönste, aber auch anspruchsvollste Abschnitt unserer Rundtour ist. Bei guten Verhältnissen bereitet dieser Übergang zum Rappenschrofen keine Schwierigkeiten. Die kleinen Kletterstellen gehen nirgends über den untersten Schwierigkeitsgrad (I) hinaus, und man hat ständig prächtige Aussicht und schöne Talblicke.

Vom Einsteingipfel steigen wir auf unserem Anstiegsweg so weit ab, bis er etwas un-

Blick vom Einstein über den Ostgrat hinweg auf die Felsgipfel des Tannheimer Hauptkammes.

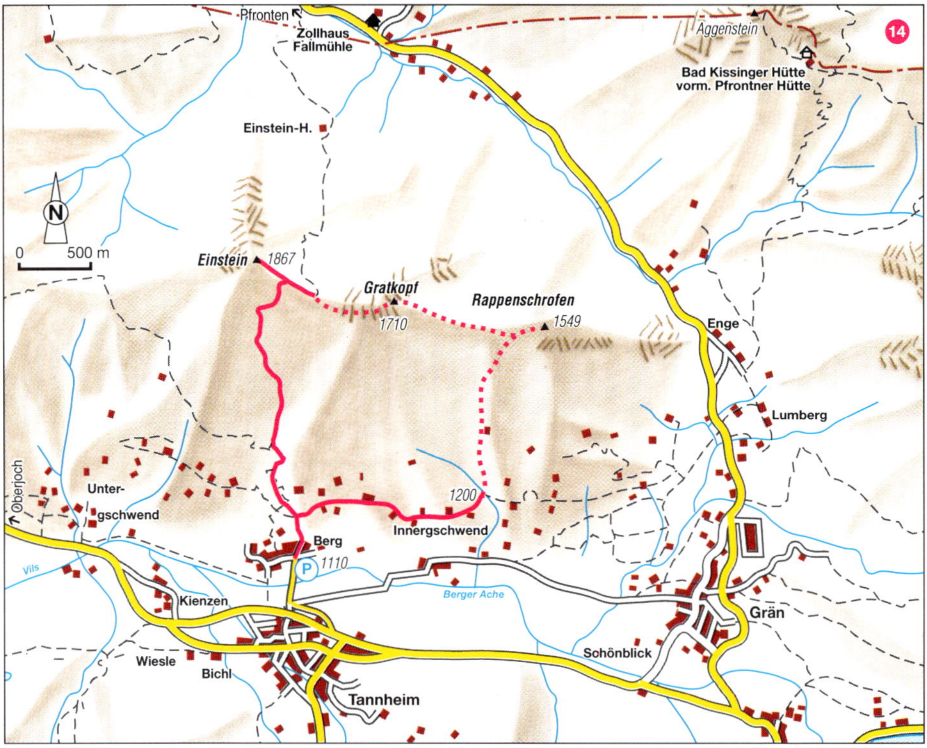
14
Pfronten
Zollhaus
Fallmühle
Aggenstein
Bad Kissinger Hütte
vorm. Pfrontner Hütte
Einstein-H.
N
0
500 m
Einstein
1867
Gratkopf
1710
Rappenschrofen
1549
Enge
Lumberg
Oberjoch
Unter-
gschwend
1200
Innergschwend
Berg
P
1110
Vils
Berger Ache
Kienzen
Gran
Schönblick
Wiesle
Bichl
Tannheim

Rückblick vom Gratkopf auf den Einstein. Links Rohnenspitze, Ponten und Bschießer über dem Tannheimer Tal.

terhalb der Kammhöhe in scharfer Rechtswendung talwärts zieht. Hier zweigt, gleichfalls rot markiert, ein Steig ab, der noch ein Stück im Kammbereich geführt ist und dann auf der Nordseite ins Engetal hinunterleitet. Wir folgen ihm, solange er am Kamm verläuft und steigen dort, wo er nach links abknickt, durch einige dürre Latschen auf den gut zu begehenden Grat, den wir mit geringen Ausweichen bis zu einem schärferen Gratstück beibehalten. Dieses umgehen wir entweder links auf Grastritten und steigen danach gleich wieder zum Grat auf oder, interessanter und kürzer, rechts auf einem guten, aber ausgesetzten teils plattigen Band, das unmittelbar zur Fortsetzung des Grats leitet. Man kann das kurze Gratl auch etwas luftig, aber ohne Schwierigkeit direkt überklettern und gelangt über kleine Stufen absteigend zum Ende des Bandes.

Der anschließende Gratabschnitt ist leichtes Gehgelände. Dort, wo er sich zusammenschnürt, steigen wir auf Trittspuren

rechts unterhalb der Kammhöhe in einen kleinen Sattel ab, überschreiten den folgenden Kammbuckel und umgehen den nächsten etwas größeren Kopf auf einer schmalen, durch das Geröll ein wenig rutschigen Pfadspur oder, besser, steigen die paar Höhenmeter hinauf und auf der anderen Seite ohne jede Schwierigkeit hinab in die Einsenkung vor dem mehrfach erwähnten felsigen *Gratkopf*.

Auch er wird überschritten. Dazu bleiben wir erst etwas unterhalb der Grathöhe und steigen so bald wie möglich zum Grat und hier in schönem festen Fels in leichter Kletterei zum höchsten Punkt auf. Unser Gipfelchen, das einen Namen durchaus wert wäre, bietet eine besonders hübsche Aussicht. Attraktiv ist vor allem der Rückblick auf den Einstein, der wohl von keiner Stelle sonst so eindrucksvoll erscheint.

Gönnen wir uns eine Rast, zumal der anspruchsvollste Teil des Gratübergangs nun hinter uns liegt. Was folgt, ist eine genußrei-

Bei der Rückkehr auf dem Höhenweg hat man schöne Ausblicke auf das Tannheimer Tal und seine Bergwelt.

che Wanderung über den jetzt grasigen Kamm. Von unserem Gratkopf gehen wir entweder direkt auf dem Grat weiter und gelangen über eine kleine Felsstufe zum Graskamm, oder wir umgehen dieses kurze Gratstück rechts. Der schmale Kamm geht bald in einen guttrittigen, von Schrofen und Blöcken durchsetzten breiten Grasrücken über. Er leitet ohne Schwierigkeit hinab in den weiten welligen Sattel vor dem Rappenschrofen.

Der Aufstieg zum *Rappenschrofen* vollzieht sich in der steilen Grasflanke über dem rechten hintersten Ende des Sattels. Nach einigen Höhenmetern führt eine Pfadspur an einem neuen ebenerdigen Jagdstand vorbei nach links empor, dann steigen wir im Zickzack in Anpassung an die Geländestruktur zu einem freien Buckel am Westrand des Gipfelplateaus auf. Es ist der einzige Aussichtspunkt auf der von dichtem Wald überzogenen Gipfelfläche, die an keiner Stelle höher ist. Merken Sie sich beim Aufstieg gut den Austrittspunkt im Gipfelbereich, da Sie dort auch wieder hinunter müssen.

Auf der Anstiegsroute steigen wir zum Sattel ab und wenden uns hier gleich nach links. Der weglose Abstieg nach Süden ins Tannheimer Tal ist leicht, wenn man immer die am wenigsten geneigten Hangstellen benützt. Im obersten Teil halten wir in Richtung auf Tannheim zu, weichen an einem etwas steileren schrofigen Abschwung etwas nach rechts aus und folgen dann der nach Süden weisenden Hangschräge durch Wald und Wiesen etwa so, wie es in der Karte angedeutet ist. Wir treffen schließlich auf einen talwärts ziehenden Forstweg, den wir so weit benützen, bis er auf einem flachen Wiesenabsatz nach links abbiegt. Hier steigen wir weglos einige Höhenmeter nach rechts in ein Tälchen ab, wo deutliche Pfadspuren rasch zum breiten Hangweg hinausführen. Er leitet uns mit ganz reizenden Ausblicken ins Tannheimer Tal und seine Bergwelt zum Ausgangspunkt zurück.

Auf dem ausgesetzten Band beim Gratübergang vom Einstein zum Rappenschrofen.

15 Auf Jochschrofen, Hirschberg und Spieser

Leichte Dreigipfeltour für die ganze Familie

Charakter: Eine reizvolle leichte und kurze Tour mit schönem Ausblick auf die Berge des Tannheimer Tals und den Allgäuer Hauptkamm, die nur am – umgehbaren – Nordwestgrat des Jochschrofens etwas Übung erfordert. Sie kann zu jeder Jahreszeit durchgeführt werden, falls nicht besonders ungünstige Verhältnisse vorliegen.
Ausgangsort: Oberjoch, Dorfparkplatz, 1136 m.
Geeignete Zeit: April bis November, bei guten Schneeverhältnissen auch im Winter.
Gipfel: Jochschrofen (Ornach), 1625 m – Großer Hirschberg, 1643 m – Spieser, 1649 m.
Stützpunkt: Hirschalpe, 1493 m, bewirtschaftet Pfingsten bis Anfang November.
Steighöhe und Gehzeit: 650 m, 3½ bis 4 Stunden.

Oberjoch am westlichen Ausgang des Tannheimer Tals mit Anfahrt über Pfronten/Grän/Tannheim, Wertach/Unterjoch oder Sonthofen/Hindelang ist nicht nur ein ideales Gebiet für Wintersportler, sondern auch Talort für eine hübsche kurze Rundwandertour: die Überschreitung von Jochschrofen, Großem Hirschberg und Spieser. Wegen der geringen Steighöhe und dem Aufstieg an den frühzeitig ausapernden, nach Süden orientierten Hängen des Jochschrofens kann die Tour fast das ganze Jahr hindurch problemlos ausgeführt werden, auch im Winter, sofern nicht besonders ungünstige Schneeverhältnisse vorliegen. Für mich bildet sie oft den Einstieg in die neue Bergsaison, wenn andere größere Touren noch nicht machbar sind. Zudem bieten die drei Gipfelchen schöne Ausblicke hinab ins Tannheimer Tal und ins Ostrachtal, auf die Daumengruppe und den Allgäuer Hauptkamm mit dem Hochvogel.

Der Wegverlauf

Ausgangspunkt ist der große »Dorfparkplatz« an der Straßenabzweigung ins Tannheimer Tal. Leider ist er seit einiger Zeit nicht mehr gebührenfrei. Für Parken bis vier Stunden muß man 3, für einen Tag 5 Mark berappen (Stand 1995). Vom Parkplatz läßt sich die Aufstiegsroute zum Jochschrofen überblicken. Der Normalaufstieg führt über den breiten freien Hang oberhalb des Waldgürtels zum Kamm, auf dem ein vom Park-

Der Jochschrofengipfel ist nah bei einer winterlichen Besteigung.

platz sichtbares, im Sommer 1994 aufgestelltes neues Kreuz steht, und von dort nach links zu dem von einem Vorkopf verdeckten Gipfel.

Wir verlassen den *Parkplatz* am unteren Ende. Jenseits der Straße leitet ein mit »Ornach« beschilderter Weg zu einigen Häusern. Er geht kurz darauf in einen breiten Forstweg über. An der Weggabelung folgen wir wieder dem Schild »Ornach«. Ornach, ein altes Wort für Ahorn, bezeichnet den gesamten Kamm des Jochschrofens mit der charakteristischen freien Hangfläche, die früher mit Ahornbäumen bestanden war. Unser Weg zieht nun in mehreren Kehren durch einen Kahlschlag, dann durch Wald zu einer weiteren Verzweigung dicht hinter einem kleinen *Gedenkkreuz*.

Auf dem Spieser.

Hier haben wir für die Fortsetzung unserer Tour zwei Möglichkeiten: Der *Normalweg* führt nach links zum Ornachhang. An der ersten Waldschneise verlassen wir den breiten Weg und folgen einem markierten Steiglein, das wenig später auf den freien Hang hinaustritt, wo das Kreuz am Kamm sichtbar wird. Der Steig zieht nun in einer langen nach Westen ausholenden Kehre zur Kammhöhe empor, die er am Kreuz erreicht. Von hier gelangen wir auf dem mäßig steilen Rücken nach links in wenigen Minuten zum höchsten Punkt.

Abwechslungsreicher ist indessen die *zweite Möglichkeit:* Wir gehen an der Verzweigung auf dem *oberen* Forstweg nach rechts bis an dessen Ende, folgen hier geradeaus noch etwa fünfzig Meter einem schmalen Pfad und steigen nun nach links auf dem grasigen Rücken mit lichtem Baumbestand, teils auf Trittspuren, zur Kammhöhe auf. Dort gelangen wir, landschaftlich hübsch und aussichtsreich, auf dem grasigen, stellenweise blockigen, mehrmals in zwei parallele Äste gespaltenen Rücken ohne Schwierigkeit zum Gipfel des *Jochschrofens.* Das ist zwar ein wenig länger, aber jedenfalls interessanter als der etwas eintönige Normalaufstieg über den Ornachhang. Diese Möglichkeit ist in der Karte mit »Variante« bezeichnet.

Der nette, wenig besuchte Gipfel bietet vor allem einen schönen Blick hinunter auf Oberjoch und das Tannheimer Tal entlang auf die Wandfluchten der Tannheimer Berge, neben denen das Zugspitzmassiv aufragt.

Unser nächstes Ziel ist der flache *Sattel* vor dem rundlichen Großen Hirschberg. Den elegantesten und kürzesten, allerdings auch anspruchsvollsten Abstieg dorthin bildet der nach links steil abbrechende Nordwestgrat. Er ist im oberen Abschnitt verhältnismäßig wenig geneigt, im unteren, vom Gipfel nicht einsehbaren Teil jedoch sehr steil. Der Höhenunterschied beträgt immerhin 80 Meter. Der Abstieg ist bei trockenem Boden unschwierig, zumal die früher vorhandene Trittspur inzwischen zu einem richtigen Steig ausgetreten ist. Dennoch erfordert er im unteren Teil, in einer gewunde-

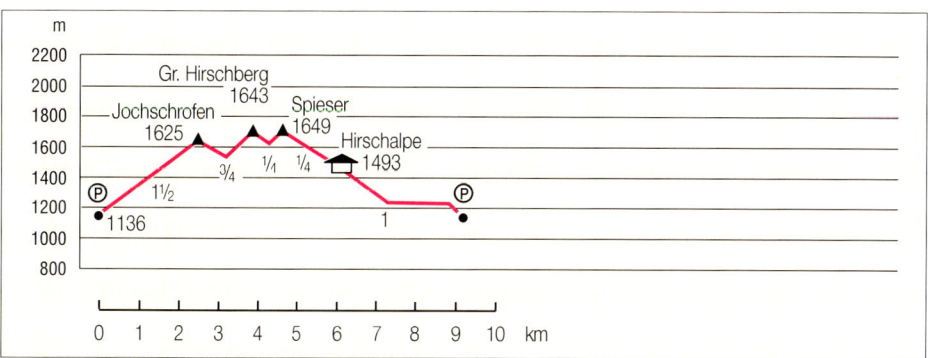

nen steilen Furche einige Meter rechts von der Gratkante trotz guter Schrofenstufen konzentriertes und trittsicheres Gehen. Hinter dem Steilstück erreicht man auf den sanft abfallenden letzten Metern rasch den Sattel. Bei gut verfirntem Schnee ist dieser Abstieg

mit der nötigen Vorsicht und Übung durchaus machbar, bei Neuschnee oder gar Vereisung sollte er jedoch tabu sein. Auch bei sehr nassem Boden sollten Sie den Grat meiden.

Länger, aber leicht und bei ungünstigen

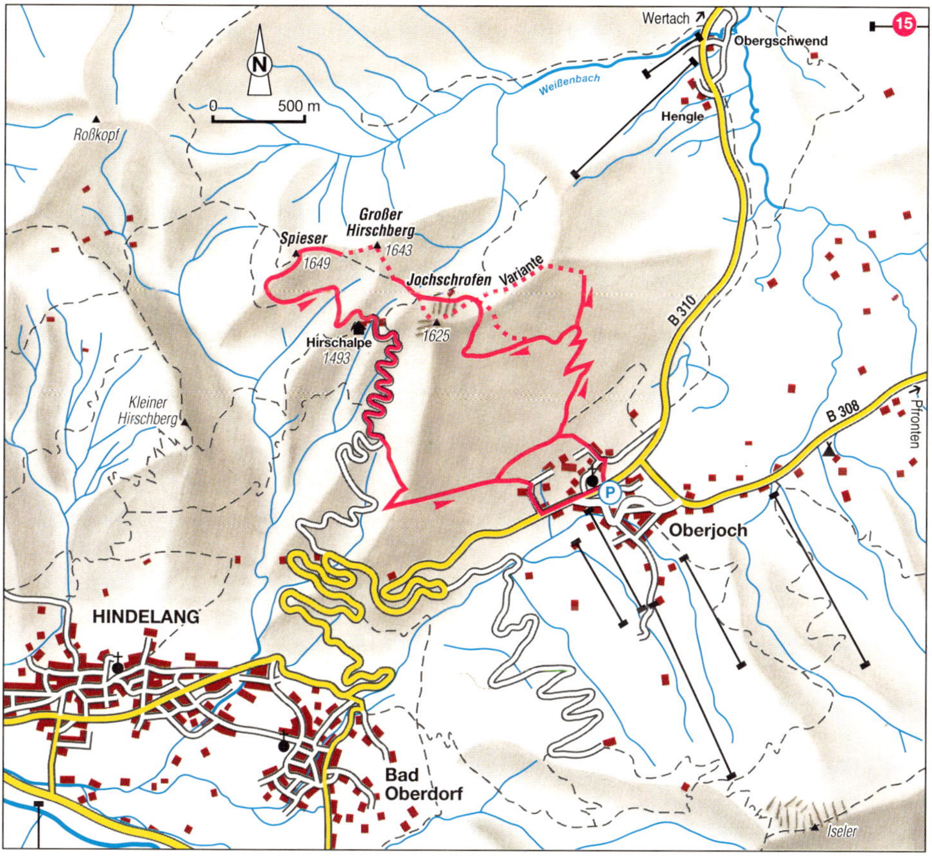

Bodenverhältnissen unbedingt vorzuziehen ist die Umgehung in der Nordflanke. Nur sie ist im Tourenprofil berücksichtigt. Dazu geht man auf dem Nordostrücken so weit zurück, bis man auf den am Ornachhang herauf- kommenden Weg trifft, und folgt ihm nun nach links in den Hang hinein. Er leitet, an- fangs steil, dann wenig geneigt zum Sattel hinüber. Bei Schnee auf der Nordseite steigt man am besten entsprechend der Gelände- form bis zum Boden des Hochtälchens ab und dann zum Sattel auf. Das ist weniger mühsam als die Hangquerung im Bereich des Sommerwegs.

Vom Sattel ist der *Große Hirschberg* über den mäßig steilen breiten Südrücken bald erreicht. Der Übergang auf dem wenig ein- gesenkten Kamm zum *Spieser,* dem höch- sten Punkt unserer Tour, ist in zehn Minuten geschafft. Noch schöner und freier als von den beiden anderen Gipfeln ist hier der Blick auf das Panorama der Allgäuer Berge, und an klaren Tagen schaut man weit hinein ins Alpenvorland mit Kempten über dem Kamm zwischen Wertacher Hörnle und Roßkopf.

Der Abstieg führt auf dem am Gipfelkreuz beginnenden Steig über den Südhang in ei- ner langen ausholenden Kehre zur *Hirschal- pe.* Die hübsch gelegene, im Mai 1993 er- weiterte Alpe ist ein beliebtes Wanderziel. Sie ist von Pfingsten bis Anfang November bewirtschaftet, im Spätherbst abhängig von der Wetterlage.

Von der Alpe geht es auf vielfach gewun- denem Alpsträßlein und einem weiter unten abzweigenden Hangweg nach Oberjoch zurück. Kurz vor Oberjoch kann man ent- weder den Weg beibehalten, der mit etwas Gegenanstieg direkt zum Parkplatz führt, oder einen talwärts abzweigenden Pfad benützen. Er trifft nach einigen Minuten auf die neue Asphaltstraße eines ausgedehnten, 1993 fertiggestellten Hotelkomplexes, die nach zwei Kehren in die Hauptstraße mün- det. Von hier sind es noch dreihundert Me- ter zum Parkplatz.

Die erweiterte Hirschalpe unterm Jochschrofen.

Der zweigipflige Sorgschrofen über den Wiesen bei Jungholz.

16 Die Sorgschrofenüberschreitung

Attraktive Grattour vom deutschen Zinken zum österreichischen Hauptgipfel von Unterjoch aus

Charakter: Eine kurze, landschaftlich sehr reizvolle Tour, mit Ausnahme der Gratüberschreitung auf markierten Wegen. Der Verbindungsgrat ist klettermäßig leicht, erfordert aber etwas Übung im Schrofengelände.
Ausgangsort: Unterjoch, Parken am Ortseingang, 1013 m.
Geeignete Zeit: (April) Mai bis Oktober (November).
Gipfel: Sorgschrofen Südwestgipfel (Zinken),1613 m -
Nordostgipfel (Hauptgipfel), 1636 m.
Steighöhen und Gehzeiten: *Gesamttour:* 660 m, 3¼ bis 4 Stunden;
nur Zinken: 600 m, 2¾ bis 3½ Stunden.

Wenn Sie eine vor allem aus dem schwäbischen Raum schnell erreichbare, kurze und dennoch außerordentlich interessante und genußreiche Tour machen wollen, dann ist die Überschreitung des Sorgschrofenmassivs genau das Richtige. Die reine Gehzeit beträgt nur etwa dreieinhalb Stunden, die Steighöhe von 660 Metern ist auch für weniger Konditionsstarke gut zu schaffen und die Tour ist so abwechslungsreich, wie man es sich nur wünschen kann. Sie ist besonders als Frühjahrs- und Spätherbsttour geeignet, denn in der Hauptsaison ist der doppelgipflige Berg wegen der schnellen und leichten Erreichbarkeit des Südwestgipfels von Unterjoch oder des Nordostgipfels von Jungholz aus sehr beliebt und viel besucht. Der Gratübergang zwischen beiden Gipfeln wird dagegen wesentlich weniger ausgeführt, obwohl er besonders reizvoll und nicht schwierig ist. Allerdings erfordert er etwas Übung im Grasschrofengelände. Bergwan-

derer, die trittsicher und schwindelfrei sind, dürfen ihn sich zutrauen. Der Grat sollte dabei aper und trocken sein. Über den gesamten Verbindungsgrat zwischen den beiden nur 300 Meter Luftlinie von einander entfernten Gipfeln führt ein deutlicher, stellenweise in Trittspuren aufgelöster Steig, der die Begehung sehr erleichtert.

Den eindrucksvollsten Anblick bietet das breit hingelagerte, ganz freistehende Sorgschrofenmassiv auf der Fahrt von Wertach nach Unterjoch. Die von beiden Seiten emporstrebenden bewaldeten Rücken gehen in einen vielgezackten Grat mit zwei markanten Eckpunkten über: links der auf österreichischem Staatsgebiet gelegene *Nordostgipfel,* der Hauptgipfel, rechts der deutsche *Südwestgipfel,* auch Zinken genannt. Über den Nordostgipfel ist die sieben Quadratkilometer große Enklave Jungholz mit dem österreichischen Mutterland verbunden. Die Südgrenze der Enklave, die wie das österreichische Kleinwalsertal wirtschaftlich der Bundesrepublik Deutschland angegliedert ist (Zoll- und Währungsunion), verläuft auf dem Verbindungsgrat der beiden Gipfel.

Der Wegverlauf

Ausgangsort für unsere Tour ist *Unterjoch* mit Anfahrt über Wertach oder Hindelang – Oberjoch. Die Tour von hier aus anzugehen ist wesentlich günstiger als der Aufstieg von Jungholz, der nur dann sinnvoll ist, wenn man allein den Nordostgipfel besteigen und den Gratübergang nicht ausführen will. Der Grat ist vom Zinken zum Nordostgipfel leichter als in der Gegenrichtung, weil der kurze, sehr steile Schlußhang im Aufstieg angenehmer ist als im Abstieg. Zudem ist die

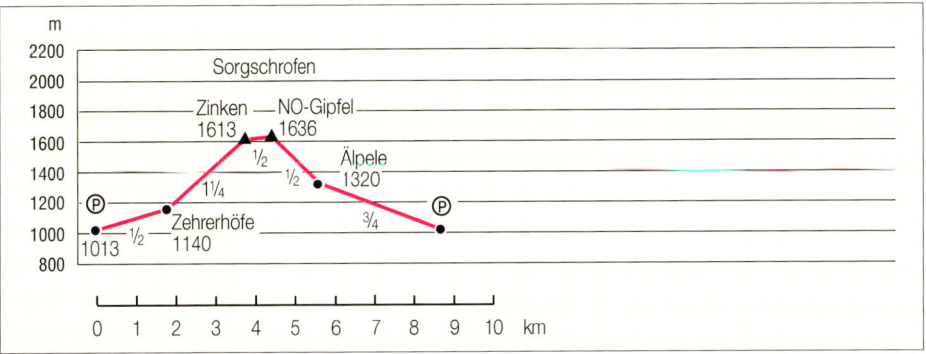

unumgängliche Wanderung von Unterjoch auf der Asphaltstraße zu den Zehrerhöfen in der morgendlichen Kühle viel besser als beim Rückweg am Nachmittag. Vor allem aber wäre die abschließende Wanderung von Unterjoch nach Jungholz erheblich länger und anstrengender.

Unterm Gipfelfels des Zinken.

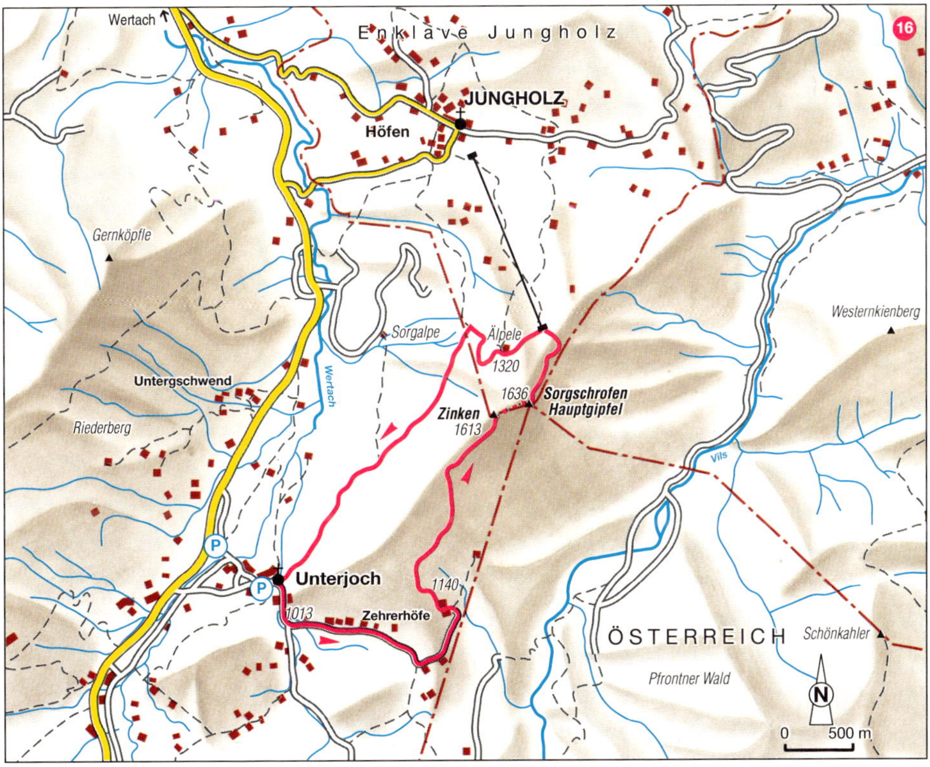

Parken kann man im gesamten Ortsbereich von Unterjoch nur noch mit Parkschein, es sei denn, daß es Ihnen gelingt, den Wagen in Ortsmitte auf privatem Parkgrund abzustellen. In der Vorsaison, etwa bis Ende April, wird Ihre Bitte um Parkerlaubnis wohl Erfolg haben, in der Saison kaum noch. Am besten parkt man dann auf dem Parkplatz am Ortseingang (1995: 4 Stunden 3, 10 Stunden 5 DM). Im Bereich der Kirche, wo die eigentliche Tour beginnt und endet, ist das Parken wesentlich teurer.

Vom *Parkplatz am Ortseingang* sind es fünf Minuten zur Kirche. Hier geht es auf der erwähnten Straße, die für den allgemeinen Verkehr gesperrt ist, mit hübscher Aussicht auf den westlichen Teil des Tannheimer Tals zu den *Zehrerhöfen,* einer kleinen Häuser-gruppe am Südosthang des Sorgschrofen-massivs. Ein gut markierter Weg führt an den bewaldeten Hang heran, beginnt nun stärker zu steigen und leitet dann in langer ansteigender Querung aussichtsreich und trotz der Südostlage weitgehend schattig zu einem freien Grashang, wo er in vielen kurzen Kehren zur Kammhöhe emporzieht.

Durch ein Felsfenster führt der gesicherte Steig auf den Zinken.

Der Sorgschrofen-Hauptgipfel von Südwesten. Das letzte Stück des Anstiegs erfolgt von links über die steilen Grasschrofen.

Unterhalb des mit einigen markanten Felsköpfen bestückten Grats gelangen wir, immer auf deutlichem Steig, zum Gipfelaufbau des *Zinken* und hier über gutgestufte steile Schrofen durch ein Fenster im Fels auf die Nordseite. Zwei Drahtseile sichern die letzten Höhenmeter über plattige Stufen zum Gipfel hinauf.

Dieses ausgesetzte letzte Stück ist bei normalen Verhältnissen problemlos. Bei hartem Schnee oder gar Vereisung, die im Frühjahr durchaus gegeben sein kann, selbst wenn die anderen Passagen der Tour schneefrei sind, ist diese Stelle trotz der Seilsicherung heikel. Geübte brauchen dennoch nicht zu verzichten, denn es gibt eine Umgehung auf der Südseite: Am Fuß der Schrofen unterhalb des Felsfensters zieht ein schmales grasiges Band nach links empor, das von einer mannshohen abdrängenden Felsstufe unterbrochen ist. Sie wird auf kleinen Tritten erstiegen, wobei ein Felszacken solide Griffe bietet. Gleich darauf erreicht man den Grat und über leichte Grasschrofen auf der Nordwestseite den Zinkengipfel.

Trotz seiner geringen Höhe ist der Zinken ein guter Aussichtspunkt mit weitem Blick ins Alpenvorland und reizvollen Tiefblicken. Die Aussicht nach Süden in die Allgäuer Berge ist auf die nähere Umgebung beschränkt, nur die Gipfel im Bereich des Tannheimer Tals treten markanter hervor. Wichtig für uns ist der Blick über den Verbindungsgrat hinweg auf den Sorgschrofen-Nordostgipfel, der so nah aussieht und doch eine halbe Stunde entfernt ist, weil man wiederholt in von hier nicht sichtbare Scharten absteigen muß.

Gehen wir unsere *Gratüberschreitung* an. Zunächst steigen wir auf dem Normalweg so weit ab, bis ein Steiglein nach links abzweigt, das den Gipfelfels umgeht und dann wieder steil zum Grat hinaufführt. Schlanke können auch statt der Umgehung schon etwas höher in einer im Fels eingeschnittenen Rinne zu einem engen Spalt aufsteigen und am Klemmblock vorbei auf den Grat gelangen. Das ist zwar ganz interessant, aber eher länger als die Umgehung.

Das nun folgende Gratstück ist schmal,

doch gut gangbar. Es fällt steil in eine Scharte ab, zu der wir auf Schrofentritten links unterhalb der Gratkante absteigen. Jenseits führt die Pfadspur gleich wieder auf den Grat, den wir nur kurz beibehalten können. Den fast senkrechten Abbruch in die nächste Scharte umgehen wir in einer steilen, aber gutgestuften Schrofenrinne oder, weniger günstig, schon vorher auf erdigen Grastritten.

Von der Scharte leitet der nun deutliche Steig erneut auf den Grat und dann am Fuß der Gipfelfelsen zu einem recht steilen, von Schrofen durchsetzten Grashang, über den wir, den Steigspuren folgend, rasch den Gipfel gewinnen. Eine Umgehung dieses Steilhangs ist ohne sehr schwierige Kletterei nicht möglich. Der rechts unmittelbar zum Gipfel ziehende Felsgrat ist nur im unteren Teil gangbar. Eine tief eingerissene, auf der Gipfelseite von überhängendem Fels begrenzte Scharte bildet ein unüberwindliches Hindernis.

Die Aussicht vom *Nordostgipfel* ist ganz ähnlich wie die vom Zinken, nur hat man jetzt einen freien Blick ins Vilstal hinein und auf den nördlichen Teil von Pfronten.

Für die *Rückkehr nach Unterjoch* haben wir nun wieder markierte Wege. Nach einer kleinen schrofigen Einschartung am Gipfel geht es in einer plattigen Rinne hinab zum Nordrücken und später in Linkswendung zum oberen Ende des von Jungholz heraufkommenden Schlepplifts. Hier zweigen verschiedene Wege ab. Wir benützen den auf der nach links am Hang entlangziehenden Skipiste und erreichen nach einigen Minuten das *Älpele,* eine kleine Hütte, deren helles Dach schon vom Gipfel auffiel. Vom Älpele steigen wir zu einem unterhalb stehenden Wegweiser ab und folgen dort dem Schild »Rundwanderweg Sorgalpe«. Der Weg führt in einer ausholenden Kehre erst durch Wald, dann am freien Hang hinab. Verpassen Sie nicht den schmalen, nicht sehr deutlichen Wiesenpfad, der nach links vom Hauptweg abzweigt. Er trifft hinter dem Zaun am Waldrand – Schild »Sorgalpe« – auf einen breiten Forstweg, der uns in hübscher Waldwanderung an den Nordwesthängen des Sorgschrofenmassivs nach Unterjoch zurückleitet.

17 Vom Himmelreich über den Kienbergkamm

Die etwas abenteuerliche Überschreitung von der Fallmühle zum Pfrontner Berg

Charakter: Eine wenig begangene, sehr abwechslungsreiche Kammwanderung mit leichten Klettereinlagen. Wer trittsicher ist und einige Windbruchpassagen nicht scheut, wird an dieser Tour seine Freude haben. Sehr reizvoll ist die anschließende Überschreitung des dreigipfligen Pfrontner Bergs.
Ausgangsort: Fallmühle bei Pfronten, 930 m.
Geeignete Zeit: (April) Mai bis Oktober.
Gipfel: Kienberg, 1534 m – Schnalskopf, 1455 m – Pfrontner Berg, 1383 m.
Steighöhen und Gehzeiten: *Nur Kienberg und Schnalskopf:* 690 m, 4¼ bis 4¾ Stunden;
Kammtour: bis Pfrontner Berg, Hauptgipfel: 810 m, 5 bis 5½ Stunden; bis Pfrontner Berg, Ostgipfel: 870 m, 5¾ bis 6½ Stunden.

Dies ist eine der attraktivsten, aber auch abenteuerlichsten Touren in den Vorbergen, die ich kenne. Sie läßt sich gut erreichen und hat überdies den Vorteil, daß man sie oft schon im zeitigen Frühjahr, im allgemeinen ab Anfang Mai ohne Schneestapferei begehen kann. Bei Schneeauflage ist sie nicht zu empfehlen, weil sie dann an Bergerfahrung, Orientierungssinn und Kondition erhebliche Anforderungen stellt. Sind die wesentlichen, nach Süden orientierten Partien schneefrei, was man bei der Anfahrt über Pfronten durchs Achental sehen kann, dann erwartet Sie eine wenig bekannte, sehr abwechslungsreiche und durch nicht vermutete reizende kleine Felsgrate mit leichter Kletterei gewürzte Kammtour mit schöner Aussicht. Als ich die Tour Anfang der achtziger Jahre kennenlernte, war die Begehung des Kammes reiner Genuß. Die Wirbelstürme von Anfang 1990 haben dem Kienbergkamm jedoch arg zugesetzt. Wegen der

Aufstieg am Kienberg-Westrücken.

schlechten Zugänglichkeit wird der Windbruch in den Kammlagen in nächster Zeit wohl nicht beseitigt werden können, doch ist das kein erhebliches Hindernis, wenn man sich an die hier beschriebene Routenführung hält. Prinzip: Stets so weit wie möglich auf der Kammhöhe bleiben! Mit etwas Übung, Geduld und Humor wird man alle kleinen Erschwernisse meistern und ein schönes Bergerlebnis mit nach Hause nehmen.

Der *Kienbergkamm,* ein scheinbar ganz von dichtem Wald überzogener Höhenrücken zwischen Vilstal und Achental, steigt im Südwesten zu seiner höchsten Erhebung, dem Kienberg, an und sinkt dann über den Schnalskopf und den markanten, aus drei felsigen Köpfen bestehenden Pfrontner Berg zuletzt sehr steil nach Pfronten-Steinach ab. Auch Kienberg und Schnalskopf bilden, was man vom Tal nicht sieht, felsige Gipfelgrate, die den besonderen Reiz dieser Tour ausmachen.

Der anspruchsvollste Abschnitt ist zweifellos der Aufstieg vom Himmelreich zum Kienberg und wird von den Begehern, wie das Gipfelbuch auf dem Kienberg ausweist, auch so empfunden. Ich habe diese Tour in den letzten drei Jahren sehr oft ausgeführt und dabei mehrere Aufstiegsvarianten untersucht. Ich bin der Meinung, daß die hier beschriebene Variante die günstigste ist, bei der man sich am wenigsten mit dem Windbruch auseinandersetzen muß. Folgen Sie also getrost der genauen Beschreibung.

Der Wegverlauf

Der günstigste Ausgangsort für unsere Kammtour ist die *Fallmühle im Achental,* die man von Pfronten auf der im Ortsteil Steinach ins Tannheimer Tal abbiegenden gut ausgebauten Straße erreicht. Wir stellen den Wagen auf dem hintersten Parkplatz ab und wandern auf breitem Forstweg am Achen entlang unter der Straße hindurch zur neuen *Achenbrücke.* Hier zweigt ein mit »Bärenmoosalpe« beschilderter Almweg ab, der zum Himmelreich emporzieht, dem weiten Sattel zwischen Westernkienberg und Kienberg. Unser Almweg geht hier in eine 1995 gebaute geschotterte Forststraße über, die vollends in den *Himmelreichsattel* hineinführt und sich in dem schon ein Jahr früher fertiggestellten, ins Vilstal und nach Pfronten hinableitenden Abschnitt fortsetzt.

Wir folgen der Forststraße bis zum Waldrand und steigen gleich hinter dem Stacheldrahtzaun am anfangs flachen, bald aber steiler werdenden Rücken auf. Es gibt stellenweise deutliche Trittspuren und einige winzige blaue Pünktchen im unteren Teil. Der breite Rücken ist ein ausgedehntes Windbruchgebiet, ein Chaos von umgestürzten Bäumen, die nur zum kleinen Teil abgeräumt sind. In der schmalen, fast bruchfreien Zone zwischen dem Abfall des Rückens ins Vilstal und dem Windbruchgebiet steigen wir, immer der günstigsten Geländeform folgend, etwas mühsam, aber ohne Schwierigkeit empor.

Je höher wir kommen, desto mehr schnürt der Rücken sich schmal zusammen. Wir erreichen einen ersten, ins Vilstal abbrechenden Grataufschwung, den wir auf steilen, gut gestuften Grasschrofen ersteigen. Der anschließende schmale Kamm ist ohne Hindernisse zu begehen, der bald folgende kurze Gratabschnitt jedoch von einem Gewirr von umgestürzten Bäumen bedeckt. Wir umgehen ihn rechts unterhalb auf Trittspuren unter einigen querliegenden Stämmen hindurch, steigen dann aber gleich wieder zur Kammhöhe empor, die wir in einer freien Gasse ein Stück beibehalten können. An deren Ende gewinnen wir nach rechts über eine kleine schrofige Stufe den sich hier aufschwingenden Rücken.

Nach einigen Minuten stoßen wir auf einen scharfen felsigen Grataufschwung, eine der Schlüsselstellen dieser Route. Er wird rechts auf steilen deutlichen Tritten umgangen. Außer einem dickeren Baumstamm, der leicht zu übersteigen ist, sind alle Hindernisse bereits weggeräumt, und wir erreichen den nun gut gangbaren Kamm. Das folgende Felsgratl wird, recht hübsch, an festen Griffen und Tritten leicht überklettert oder auf einer Pfadspur umgangen. Über dem Sattel dahinter erhebt sich ein markanter höherer Grataufschwung. Auch ihn kann man am Fuß der Felsen umgehen. Viel schöner ist es jedoch, ihn zu überschreiten. In leichter Kletterei gelangen wir auf die Grathöhe, dahinter zu einem kleinen Sattel und auf einer Pfadspur zum nahen Gipfel des *Kienbergs.* Er bietet hübsche Ausblicke auf Einstein und

Die letzten Höhenmeter zum Schnalskopf.

Schönkahler, auf den Sorgschrofen und die Bergwelt des Tannheimer Tals.

Beim Weiterweg zu unserem nächsten Ziel, dem Schnalskopf, kommen wir gleich am *Kienbergkreuz* vorbei, das auf dem etwas niedrigeren Vorkopf steht. Das alte Kreuz war im Sommer 1992 durch Blitzschlag zerstört worden, auch das Gipfelbuch war seitdem verschwunden. Pfrontner Bergsteiger bauten im Mai 1993 ein schönes neues Kreuz aus einer vor Ort geschlagenen Fichte und stellten es auf. Einen Monat später wurde auch der verschollene Kasten mit dem Gipfelbuch unbeschädigt gefunden und wieder montiert.

Vom Kreuz geht es hinunter in einen grasigen Sattel und dann gleich wieder von links her auf den Grat. Nach einer kleinen felsigen Stufe erreichen wir einen erdigen Abschwung. Auf steilen, Vorsicht fordern-

den Tritten gelangen wir zur Fortsetzung des Kammes. Das folgende kurze Schrofengratl wird überschritten oder umgangen. Dann bäumt sich eine hohe Felskante auf. Eine Pfadspur führt rechts daran vorbei zu einem Schärtchen zwischen zwei Felsköpfen, einer besonders markanten Stelle. Wir bleiben nun auf der Kammhöhe und müssen hier zum letzten Mal durch Windbruch. Eine freigesägte Gasse leitet hindurch, nur einige Baumstämme sind zu übersteigen. Wir erreichen ohne weitere Hindernisse, immer am Kamm, den hübschen Schlußgrat des Schnalskopfs. Der kleine Felszacken am Beginn wird umgangen, dann steigen wir in netter leichter Kletterei zum nahen *Schnalskopf* auf, der von einem kurzen scharfen, fast horizontalen Grat gebildet wird.

Auf der Gratschneide gelangen wir zum kleinen ostseitigen Abbruch, klettern hier

Blick vom Schnalskopf auf den Einstein.

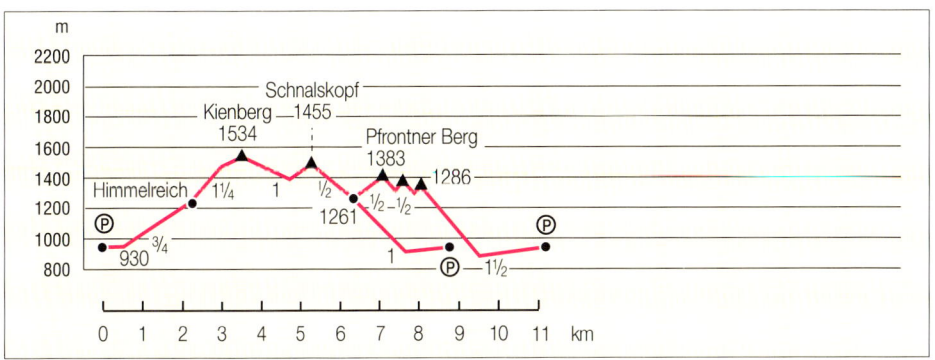

auf guten Tritten in das Schartl ab und jenseits gleich wieder hinauf zu zwei Felsköpfchen. Das anschließende Gratstück ist leicht zu begehen, bricht aber in einer steilen Felsstufe ab, die man entweder mäßig schwierig (II) hinunterklettert oder leichter auf Erdtritten rechts umgeht. Noch einfacher ist es, vom Schartl einige Höhenmeter auf Grasschrofen nach rechts zu einer Pfadspur absteigen und unter den Felsen zum Kamm zu queren.

Die anspruchsvolleren Abschnitte der Route sind nun geschafft. Auf dem verflachenden bewaldeten Rücken erreichen wir den weiten Sattel vor dem Pfrontner Berg,

die letzten Höhenmeter in einer abgeholzten Lichtung.

Falls Ihr alpiner Bedarf damit befriedigt ist, können Sie von hier zur Fallmühle zurückkehren. Man geht dazu bis zum hinteren Ende des Sattels, wo Pfadspuren am Rand eines schon aufgeräumten Windbruchgebiets am Westhang des Pfrontner Bergs zu einer schmalen Waldschneise und zum Beginn einer seichten baumfreien Rinne führen. Sie bildet die Fortsetzung unserer Abstiegsroute. Ein Weg, wie er in manchen Karten eingezeichnet ist, existiert hier nicht. Wir steigen in der teils erdigen, teils schrofigen, grasdurchsetzten Rinne ohne Schwierigkeiten

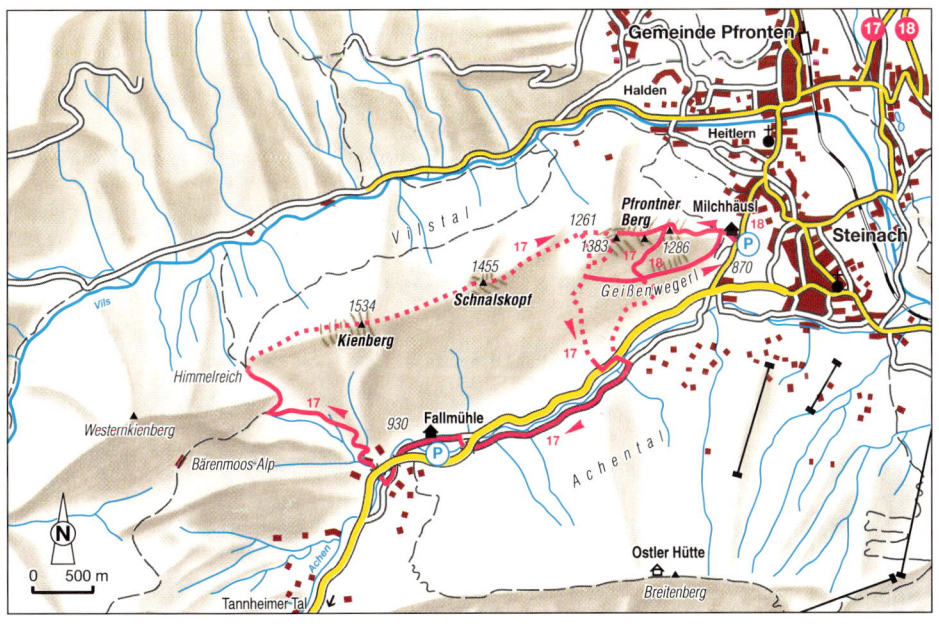

Über den scharfen Gipfelgrat am Schnalskopf. Vom Schartl dahinter geht es entweder nach links auf den Gratkopf oder nach rechts einige Meter hinab.

ab. Nach etwa sechzig Höhenmetern zweigt aus der Rinne nach links ein schwach erkennbarer Pfad ab, das *»Geißenwegerl«*, das an den Südosthängen des Pfrontner Berges zum Ortsteil Steinach hinüberzieht. Da wir zur Fallmühle wollen, folgen wir der Rinne noch ein kurzes Stück und benützen dort, wo sie eng und steiler wird, den Rücken rechts davon für den weiteren Abstieg. Dabei bleibt man in der Nähe der Rinne. Beim Abweichen zu weit nach rechts kommt man in unangenehmes Steilgelände. Nur im unteren Abschnitt muß man wegen einiger umgestürzter Bäume etwas weiter nach rechts ausholen, hält sich dann aber, immer der günstigsten Hangneigung folgend, wieder an die vorherige Richtung. Wir erreichen eine grasige Schneise und gleich darauf die Talwiesen. Nicht mehr weit ist es nun zur *Achentalstraße,* die durch einen Stacheldrahtzaun gegen die Viehweiden geschützt ist. Ein Gatter gewährt Durchschlupf.

Entweder wandern wir nun an der Straße zur *Fallmühle* zurück oder, hübscher und nur wenig weiter, vom Gatter 120 Meter nach links zur Achenbrücke. Jenseits leitet ein breiter Promenadenweg zu unserem Ausgangspunkt. Die Wiesen oberhalb der Straße sind durch Weidezäune unterteilt und für den Rückweg nicht geeignet.

Interessant und sehr lohnend ist es, vom Sattel noch den *Pfrontner Berg* anzugehen. Am besten steigt man am linken Rand des Westrückens zwischen einem dichteren Waldstreifen und dem ausgedehnten Kahlschlag, zunächst einige liegende Baumstämme rechts umgehend, dann ohne Hindernisse, im oberen Teil sich rechts haltend zum schmalen Kamm und hier zum höchsten Punkt des Pfrontner Bergs empor. Von der mit einigen Bäumen bestandenen Grasschneide hat man einen schönen Blick hinab nach Pfronten, ins untere Vilstal, über dem die Ammergauer Berge und die Zugspitze aufragen, und auf den nahen felsigen Mittelgipfel des Pfrontner Bergs.

Für die Fortsetzung unserer Tour haben wir nun *zwei Möglichkeiten:* Abstieg zurück in den Sattel oder Überschreitung des Pfrontner Bergs über den Mittelgipfel zur grasigen Kuppe des Ostgipfels. Zum Sattel können wir entweder auf der Anstiegsroute oder, kürzer und stellenweise etwas steiler, auf Trittspuren am Rücken links vom Kahlschlag absteigen. Dabei muß man im Bereich des Sattels noch so lange fast horizontal weitergehen, bis man auf die baumfreie Rinne trifft. Hier geht es, wie schon beschrieben, ins Achental hinab.

Die zweite Möglichkeit, die *Überschreitung des Pfrontner Bergs* bis zum Ostgipfel, ist für den, der den ganzen Kienbergkamm geschafft hat, kein Problem, auch wenn der Übergang etwas abenteuerlich aussieht. Zunächst steigen wir vom Hauptgipfel in der breiten nordseitigen Rinne auf Grastritten einige Höhenmeter hinab. Die Tritte münden in einen schmalen, aber deutlichen Steig, der am steilen Hang einige Felsköpfe umgeht und in die kleine Einsattelung vor dem Mittelgipfel hinunterleitet. Der Steig ist stellenweise ausgesetzt und erfordert konzentriertes trittsicheres Gehen. Der Aufstieg zum *Mittelgipfel* ist steil, aber durch den Steig ohne Schwierigkeit. Jenseits führt er in eine flache Einsenkung und dann hinauf zur Kuppe des *Ostgipfels*. Das Kreuz steht etwas unterhalb. Hier bietet sich eine gemütliche Rast an mit reizvollem Tiefblick auf Pfronten.

Zum Abstieg gehen wir zu der flachen Einsenkung zurück, wo ein gut erkennbarer Pfad abzweigt. Er zieht in einer seichten Grasrinne in ganz kurzen Kehren hinab, quert ausgesetzt die achentalseitigen Hänge fast horizontal und wendet sich dann einer vom Sattel zwischen Haupt- und Mittelgipfel herabkommenden Einfurchung zu. Hinter ihr erreichen wir bald eine auffallende schrofige Stelle. Bis hierher ist der Pfad deutlich und nicht zu verfehlen. Doch nun heißt es aufpassen. Trittspuren führen nach links in den Wald. Auf ihnen absteigend treffen wir auf das die Südosthänge des Pfrontner Bergs querende *Geißenwegerl.* Wir folgen ihm kurz nach links und steigen dann weglos, teils auf Trittspuren, über den mäßig steilen Hang zu den Talwiesen ab, etwa so, wie es auf der Karte angedeutet ist. An der *Achentalstraße,* dann auf dem Weg am anderen Ufer des Achen wandern wir zur Fallmühle zurück.

18 Vom Milchhäusl auf den Pfrontner Berg

Steiler Anstieg auf den dreigipfligen Hausberg von Pfronten

Charakter: Die sehr lohnende Besteigung des steilflankigen Pfrontner Bergs vom Milchhäusl aus setzt Trittsicherheit und Schwindelfreiheit voraus, die direkte Variante auch etwas Kletterfertigkeit. Schöner Blick vom Kreuz des Ostgipfels auf Pfronten und über die Ammergauer Alpen hinweg bis zur Zugspitze. Die Steilstufe der Normalroute ist mit Drahtseil gesichert. – Nur bei trockenem Boden!
Ausgangsort: Pfronten-Steinach, Parkplatz unterhalb des Milchhäusls, 870 m.
Geeignete Zeit: April bis November.
Gipfel: Pfronten Berg Ostgipfel, 1286 m – Mittelgipfel, 1352 m – Hauptgipfel, 1383 m.
Steighöhen und Gehzeiten: *Nur Ostgipfel:* 420 m, 2 Stunden; *alle drei Gipfel:* 560 m, 2¾ bis 3 Stunden.
Kartenskizze: Die Karte des Kienbergkammes auf Seite 159 gilt auch für Tour 18.

Wenn Sie den Pfrontner Berg bei der Überschreitung des Kienbergkammes kennengelernt haben, reizt es Sie vielleicht, ihn auch mal von Pfronten aus zu besteigen, ohne den ganzen Kienbergkamm zu begehen. Das ist eine kurze, sehr lohnende, besonders bei den Pfrontnern beliebte Tour, die ihrem Hausberg, den sie *Kienberg* nennen, öfter einen Besuch abstatten.

Die steilen felsdurchsetzten Flanken des Pfrontner Bergs erfordern einen trittsicheren schwindelfreien Geher, bieten aber auf der Normalroute keine klettermäßigen Schwierigkeiten. Die kurzen Schrofenpassagen sind durch Drahtseile gesichert. Da der größte Teil der Route durch erdiges, laubbedecktes steiles Waldgelände zieht, sollten Sie den Pfrontner Berg nur bei trockenem Boden und mit festen Bergschuhen mit guter Profilsohle angehen. Leichtsinn und Unachtsamkeit haben schon mehrmals zu Unfällen geführt.

Steil erhebt sich der dreigipflige Pfrontner Berg über Pfronten.

Der Wegverlauf

Ausgangspunkt ist ein kleiner Parkplatz unterhalb des *Milchhäusls,* einer beliebten, 60 Meter über Pfronten-Steinach gelegenen Wirtschaft mit gemütlicher Gaststube und aussichtsreicher Terrasse, die von Mitte Mai bis Ende Oktober geöffnet ist. Den Parkplatz erreicht man entweder von der Straße ins Tannheimer Tal am Ortsausgang von Pfronten-Steinach rechts abbiegend nach 350 Metern – er liegt links oberhalb der Straße – oder, bei Anfahrt aus Richtung Kempten oder Marktoberdorf/Seeg kürzer, indem man in Pfronten-Dorf gegenüber dem Gasthof Krone nach rechts in die Kienbergstraße

Die drahtseilgesicherte Steilrampe am Pfrontner Berg.

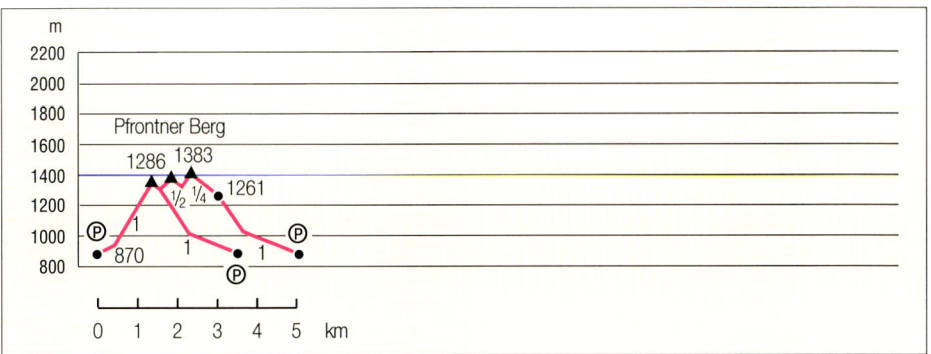

abbiegt. Beide Anfahrmöglichkeiten sind aus der Karte ersichtlich.

Vom *Parkplatz* geht es in wenigen Minuten auf asphaltiertem Weg hinauf zum Milchhäusl. Gleich links dahinter stoßen wir auf eine Wegverzweigung. Auf dem linken Ast, dem »Geißenwegerl«, kommen wir später zurück. Der rechte ist unsere Aufstiegsroute. Der schmale Steig führt in vielen kurzen Kehren, durch die Laubauflage nicht immer deutlich, ab und zu rot markiert auf dem steilen Waldrücken empor. Mit ein wenig Aufmerksamkeit ist er gut zu finden. Er trifft bald auf einen Felsriegel, an dessen Fuß ein grasiges Band nach rechts hinaufzieht. Es vermittelt den weiteren Aufstieg. Wir folgen ihm bis zu einem schrofigen Einschnitt, der drahtseilgesichert nach links überwunden wird.

Oberhalb leitet unser Steig erneut zu einem Felsaufschwung hoch, den er, nun sehr deutlich, links am Rand der Felsen über dem ins Achental steil abfallenden Hang umgeht. Nach ansteigender Querung, bei der konzentriertes Gehen wichtig ist, knickt er nach rechts ab und erreicht gleich eine sehr steile, aber gut gestufte Schrofenrampe, die mit einem durchgehenden kräftigen Stahlseil gesichert ist. Vom oberen Ende des Aufschwungs sind es nur noch einige Minuten zum Kreuz auf dem *Ostgipfel des Pfrontner Bergs*. Der reizvolle Blick auf Pfronten, auf den Saloberkamm und das Vilstal entlang bis zum Zugspitzmassiv lohnt allein schon den Aufstieg hierher.

Für den oberen Abschnitt gibt es noch eine andere Anstiegsmöglichkeit, die allerdings wesentlich anspruchsvoller ist. Sie erfordert nicht nur Trittsicherheit, sondern auch Übung im Steilgras und etwas Kletterfertigkeit. Statt den oberen Felsaufschwung in ausholender Kehre links zu umgehen, verlassen wir den Steig nach rechts. Zunächst ist eine sehr steile grasige Stufe zu überwinden, am besten auf Grastritten und nicht in den Schrofen der rechten Begrenzung. Ein weniger steiles Grasband schließt sich an, das unmittelbar am Fuß der Felsen entlangzieht. Es endet an einem zweistufigen Aufschwung. Die Überwindung der ersten schrofigen, etwas abdrängenden Stufe ist durch einen Baum erleichtert, die gleich darüber ansetzende zweite Stufe wird nach rechts aufwärts erklettert. Man erreicht den mäßig steilen Grashang oberhalb des Felsriegels und kurz darauf über gut gestufte Grasplanken den Normalweg, der nun rasch zum Kreuz führt.

Vom Kreuz steigen wir die wenigen Höhenmeter zur grasigen Kuppe des Ostgipfels auf und in den nächsten Sattel ab. Wir können nun entweder auf dem hier nach links abzweigenden Pfad absteigen oder den dreigipfligen Pfrontner Berg ganz überschreiten, was durchaus lohnend ist. Der direkte Abstieg wurde bereits bei der Begehung des gesamten Kienbergkammes (Tour 17) beschrieben. Unser Pfad mündet in das Geißenwegerl, das uns wenig fallend, erst am Fuß einer Felswand, dann am bewaldeten Hang entlang in 15 Minuten zum Milchhäusl zurückleitet.

Meist wird man bei dieser kurzen Tour die Überschreitung zum *Hauptgipfel* anschließen. Der deutliche Steig führt ohne Schwierigkeit, kleine Felsköpfe an der Vils-

talseite umgehend, zum Mittelgipfel, dann ziemlich steil hinab in den Sattel vor dem Hauptgipfel und nun, immer rechts unterhalb der Grathöhe schmal, mitunter etwas ausgesetzt und vorsichtiges Gehen fordernd, zum nach links steil emporziehenden Schlußhang, der auf Grastritten erstiegen wird. Auch hier ist der Blick über den felsigen Mittelgipfel hinweg auf Pfronten sehr reizvoll. Der Übergang vom Ostgipfel zum Mittelgipfel und von dort zum Hauptgipfel dauert jeweils 15 Minuten.

Beim *Abstieg vom Hauptgipfel* ist der Sattel auf der Westseite unser erstes Ziel, zu dem wir, wie bei Tour 17 beschrieben, entweder rechts von dem großen Kahlschlag oder, etwas kürzer, auf Trittspuren am Rücken links davon absteigen. Dabei folgt man dem stellenweise steilen Rücken bis hinter den schrofigen Abschwung und wendet sich dann nach rechts, bis man auf die markante, zum Achental hinabziehende seichte baumfreie Rinne trifft. Hier steigen wir etwa sechzig Höhenmeter zum Beginn des an einer Fichte links abzweigenden *Geißenwegerls* ab. Das ist kein Weg, sondern ein aufgelassener – nicht instand gehaltener – stellenweise überwachsener und schlecht erkennbarer Pfad, der wenig fallend die Südosthänge des Pfrontner Bergs quert. Einige Passagen sind deutlich, mitunter gibt es aber nur Trittspuren. Mit einiger Aufmerksamkeit und etwas Orientierungssinn werden Sie, am Schluß unterhalb felsiger Abbrüche, schließlich zum Milchhäusl kommen. Falls Sie den Pfad verlieren, ist das auch nicht schlimm. Trittspuren führen verschiedentlich ins Achental hinab, wo Sie problemlos zum Parkplatz zurückwandern können.

Vom Hauptgipfel hat man einen schönen Blick über den Mittelgipfel hinweg auf die Füssener Seenlandschaft.

Der Saloberkamm mit Falkenstein, Einerkopf, Zwölferkopf und Zirmgrat vom Breitenberg.

19 Der Saloberkamm

Interessante Kammwanderung
überm Vilstal für alle Jahreszeiten

Charakter: Eine sehr reizvolle leichte
Kammwanderung.
Schöne Tiefblicke ins Vilstal und ein-
drucksvolle Aussicht auf die jenseits
emporragenden Nordflanken von Bren-
tenjoch und Aggenstein.
Ausgangsort: Parkplatz an der Vils, beim
Bahnhof Pfronten-Steinach, 842 m.
Geeignete Zeit: April bis November.
Gipfel: Falkenstein, 1268 m – Einerkopf,
1262 m – Zwölferkopf, 1283 m –
Zirmgrat, 1292 m.
Stützpunkt: Salober Alp, 1088 m.
Steighöhe und Gehzeit: 700 m, 3½ bis
4 Stunden.

Im zeitigen Frühjahr, wenn der Schnee sich
im Alpenvorland und in den Tälern verab-
schiedet und in die höhere Bergregion
zurückzieht, bin ich immer auf der Suche
nach lohnenden Bergwanderungen. Natürlich kann man in dieser Jahreszeit mit der
richtigen Ausrüstung und entsprechender

Bergerfahrung auch höhere Gipfel besteigen, doch ist das mitunter nicht risikolos,
und mühsam ist es obendrein. Dabei bietet
der Vorfrühling mit seinen oft schon warmen
Tagen ausgesprochen hübsche, fast schnee-
freie Kammwanderungen, wenn man sich
auf Höhenlagen bis etwa 1400 Meter beschränkt und auf südseitige An- und Abstie-
ge. Die Qualität einer Bergtour hängt für
mich nicht von der absoluten Höhe der
überschrittenen Gipfel ab, sondern vom
Bergerlebnis, von der Aussicht auf benachbarte Bergketten, von schönen Tiefblicken in
die Täler, von einer interessanten Wegführung. Solche Touren werden ihrer geringen Höhe wegen oft nicht für ganz voll ge-
nommen und sind deshalb weniger überlaufen, als man annehmen möchte.

Eine ideale Tour dieser Art, ja eine der
hübschesten, die ich in den Vorbergen kenne, ist die Wanderung über den *Saloberkamm,* der sich von Pfronten-Meilingen bis
zum Alatsee erstreckt. Es ist ein bewaldeter
Höhenzug, dem vier Gipfelchen entragen:
im Westen der Falkenstein mit seinem

*Blick vom Weg an der Mariengrotte
unterhalb der Gipfelwand des Falkensteins auf den Aggenstein.*

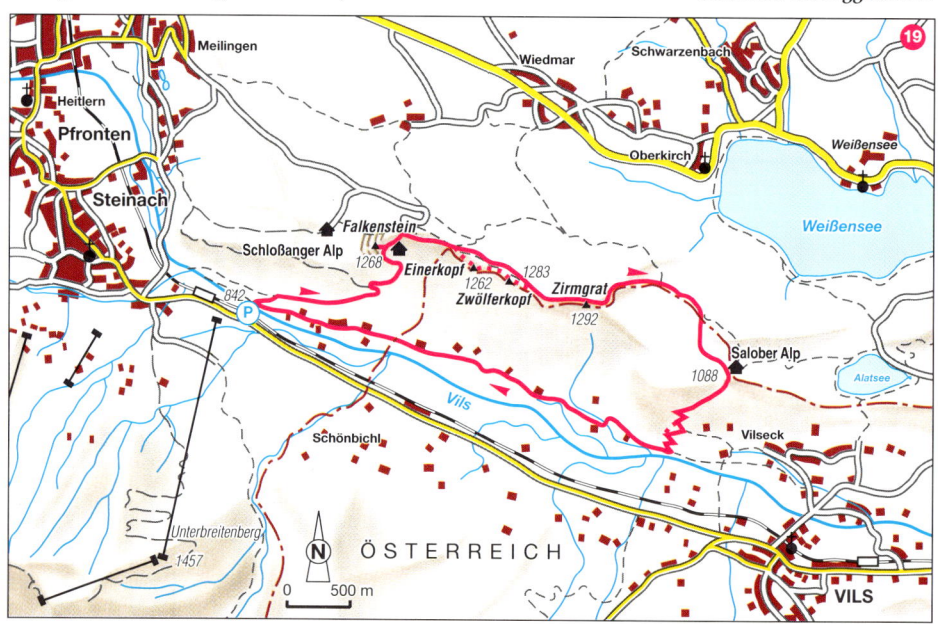

kecken, von der höchstgelegenen Burgruine Deutschlands gekrönten Felskopf, gefolgt von Einerkopf, Zwölferkopf und Zirmgrat, der höchsten Erhebung, die im Osten zum Alatsee absinkt. Diese Gipfel brechen nach Süden im Kammbereich steilfelsig ab und bieten ganz reizende Tiefblicke ins Vilstal und prächtige Aussicht auf die jenseits des Tals emporragenden Gipfel von Roßberg, Brentenjoch, Aggenstein und Breitenberg, die wohl von keinem anderen Standpunkt so attraktiv und alpin aussehen, besonders,

wenn sie im zeitigen Frühjahr noch schneebedeckt sind. Das am Breitenberg aufgenommene Bild zeigt den gesamten Kamm vom Falkenstein zum Zirmgrat, über den die deutsch-österreichische Grenze verläuft.

Der Wegverlauf

Wir beginnen unsere Rundwanderung an einem Parkplatz in der Nähe des *Bahnhofs Pfronten-Steinach*. Wenn man von Pfronten kommt, biegt man 350 Meter hinter dem

Bahnhof am Schild »Zirmgrat« nach links ab. Der asphaltierte Fahrweg überquert gleich die höher liegenden Bahngleise und endet auf dem geräumigen Parkplatz vor der Vils. Auf dem Bild kann man den Zufahrtsweg und den Parkplatz am linken Rand erkennen. Jenseits der Brücke beginnt der »Südaufstieg« zum Falkenstein. Er ist wesentlich günstiger und landschaftlich schöner als der Aufstieg über den Westrücken von Meilingen aus, der zudem einen weiteren Rückweg erfordert.

Der gut ausgebaute, fast möchte man sagen gepflegte Steig zieht an den bewaldeten Steilhängen des Falkensteins bergan, immer wieder hübsche Blicke ins Vilstal bietend, windet sich in angenehmer Steigung empor und erreicht schließlich die Mariengrotte in einer großen Nische der hier 60 Meter hohen, leicht überhängenden Gipfelwand des Falkensteins. Von der eindrucksvollen Grotte führt der nun geländerbewehrte Weg in mehreren Kehren zum Kamm, wo er zwischen Gipfel und Burghotel Falkenstein mündet. Zu dem 1988 vollständig renovierten Hotel unmittelbar unterm Gipfel kann man ab 18 Uhr mit dem Pkw hinauffahren.

Der *Falkensteingipfel,* den man vom Hotel in wenigen Minuten erreicht, ist ein hervorragender Aussichtspunkt. Im Süden und Südwesten bilden Brentenjoch, Aggenstein und Breitenberg eine beeindruckende Kulisse. Nach Westen schauen wir über die unterhalb des Gipfelaufbaus liegende Schloßangeralpe und Pfronten-Steinach hinweg auf den Kienbergkamm mit dem nach Osten vorgeschobenen Pfrontner Berg. Auch dieser Höhenzug bietet eine interessante, allerdings etwas anspruchsvollere Kammtour (Tour 17). Im Osten erblicken wir unsere nächsten Gipfelziele, Einerkopf und Zwölferkopf, bewaldete Kuppen mit steilem, felsigem Abfall ins Vilstal und weniger steilen Hängen nach Norden. Der Höhenweg ist auf der Nordseite unterhalb der Kammhöhe geführt, beide Erhebungen sind von dort leicht zu ersteigen. Zum letzten Gipfel, dem Zirmgrat, leitet der Weg unmittelbar.

Auf dem Falkenstein, der um die erste Jahrtausendwende Besitztum der Augsburger Bischöfe war, erbaute Bischof Heinrich 1059 eine Burg als Zufluchtsstätte für kriegerische Zeiten. Sie wurde 1646 auf Befehl der Landesregierung Tirols zerstört, um den gegen Ende des 30jährigen Kriegs anrückenden Schweden keinen wertvollen Stützpunkt in die Hände fallen zu lassen. 1884 kaufte Bayernkönig Ludwig II. die Ruine mit der Absicht, an deren Stelle ein Schloß zu bau-

Die letzten Meter zum Einerkopf. Im Hintergrund der Falkenstein mit der Burgruine.

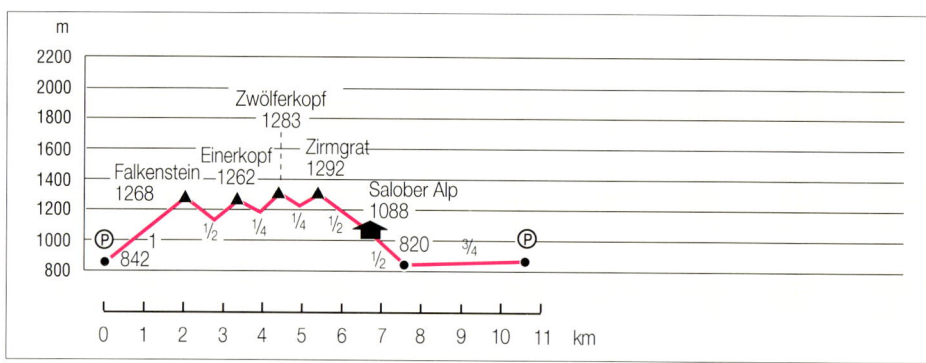

en. Doch der Plan kam, zum Glück für den Saloberkamm, nicht mehr zur Ausführung. Ein Modell des geplanten Prachtschlosses befindet sich im Schloß Neuschwanstein.

Gehen wir nach diesem kleinen historischen Rückblick unsere Kammwanderung an. Zunächst gilt es, etwa 120 Höhenmeter in den Sattel vor dem Einerkopf abzusteigen. Die gewundene Asphaltstraße zieht hinunter. Wir folgen ihr nur bis zur ersten Linkskehre und benützen dann den Weg, der die Straßenwindung abkürzt und kurz darauf wieder in die Straße mündet. Wir kommen an einem kleinen schmiedeeisernen *Gedenkkreuz* vorbei. Es erinnert an den Falkensteinsepp, genannt Kohlseppl, 1842–1913, der hier oben vierzig Jahre gelebt hat. Der Einsiedler mit bürgerlichem Namen Josef Köpf wohnte in einem Hüttchen auf dem grasigen Kopf neben der Straße, auf dem jetzt der Gedenkstein für die im zweiten Weltkrieg gefallenen Soldaten der 97. Jägerdivision steht. Als König Ludwig den Fahrweg auf den Falkenstein zum Materialtransport für das geplante Schloß bauen ließ – die heutige Asphaltstraße verläuft auf dieser alten Fahrwegtrasse –, war der Kohlseppl als Kantinenwirt tätig. Auf dem Friedhof von Weißensee hat er seine letzte Ruhe gefunden, unter einem schlichten Grabstein mit eingravierter stilisierter Darstellung des Falkensteingipfels.

Einige Meter hinter dem Gedenkkreuz biegt die Straße scharf nach links ab. Hier führt geradeaus eine nicht markierte, aber deutliche Pfadspur erst am Rücken, dann auf steilen Tritten, schließlich als verwachsenes Steiglein in den flachen Sattel hinab. Eine andere leichte Abstiegsmöglichkeit bildet ein schmaler Hangweg, der 30 Meter hinter der Straßenbiegung abzweigt. Natürlich kann man auch, nur wenig länger, auf der Straße zum *Sattel* gehen.

Dort beginnt der mit »Salober Alm« beschilderte Weg. Nach einigen Minuten erreichen wir den Ansatz des Einerkopf-Nordwestrückens, über den wir aufsteigen wollen. Wir verlassen nun den markierten Weg und steigen auf Trittspuren, den untersten ziemlich steilen grasigen Aufschwung und die darüber querliegenden dicken Baumstämme rechts umgehend, am Rücken empor. Der Windbruch, der vormals den Anstieg erschwerte, wurde 1994 beseitigt, so daß man auf dem nun freien Rücken problemlos aufsteigen kann. Die steile Grasschrofenstufe im oberen Teil wird am einfachsten links umgangen, und über den anschließenden nur noch wenig geneigten Kamm ist man schnell auf dem *Einerkopf.* Statt über den Nordwestrücken aufzusteigen, kann man auch dem Hangweg Richtung Saloberalp weiter folgen und vom Sattel hinter dem Einerkopf auf Pfadspuren über den Ostrücken den Gipfel gewinnen, wobei die kleinen Aufschwünge auf kurzen Bändern mit guten Tritten erstiegen werden. Das dauert etwas länger als der Anstieg über den Nordwestrücken.

Lohnend ist dieser kleine Abstecher auf den Einerkopf allemal. Die Aussicht ist ähnlich wie die vom Falkenstein, aber nun bildet dieser selbst einen hübschen Blickpunkt.

Auf dem Ostrücken steigen wir zum Sattel vor unserem nächsten Ziel, dem Zwölferkopf, ab. Hier ist der direkte Aufstieg am

Nordwestrücken leicht. Den Aufschwung am Sattel ersteigt man auf nach links emporleitenden Grastritten. Oberhalb zieht der nun weniger steile grasige Rücken ohne Schwierigkeit mit deutlicher Pfadspur zum Gipfel des *Zwölferkopfs.* Auch er ist ein prächtiger Aussichtspunkt, auf dem man meist allein sein wird.

Vom Zwölferkopf leitet ein Pfad am Südostrücken in den nächsten Sattel. Dies ist auch die einfachste Aufstiegsmöglichkeit. Man trifft hier auf den Höhenweg, der nun unmittelbar zum *Zirmgrat,* unserem letzten Gipfel führt. Von der Gipfelbank bietet sich ein besonders schöner, ganz freier Ausblick hinab ins Vilstal und auf die Tannheimer Berge.

Der Abstiegsweg zur Saloberalp leitet zunächst in kurzen Kehren im Bereich einer erdigen Waldschneise hinab, überquert die-

se und erreicht nach ausholendem Bogen schließlich einen Zaun. Für die Fortsetzung haben wir zwei Möglichkeiten: Die kürzeste und bequemste ist ein Wiesenpfad, der hinter dem Durchlaß beginnt und am Waldrand mit wenig Gegenanstieg zur Alp führt. Abwechslungsreicher, aber gut eine Viertelstunde länger ist der markierte Normalweg links vom Zaun. Er überquert ziemlich steil eine Kuppe und zieht dann von der Einsattelung dahinter am nordseitigen Hang des Saloberkopfs mit hübschem Tiefblick auf den Weißensee empor, zuletzt leicht abwärts zur *Saloberalp,* mit insgesamt etwa 60 Meter Gegenanstieg. Die auf einem weiten Absatz gelegene, gern auch als Alleinziel besuchte Alp mit einer großen Terrasse ist außer November/Dezember und der zweiten Aprilhälfte ganzjährig geöffnet. Sie bietet einen schönen Blick auf Brentenjoch und Ag-

Auf dem Einerkopf mit Blick auf Brentenjoch und Aggenstein.

Im Spätherbst entfaltet der Saloberkamm seinen besonderen Reiz. Blick vom Zirmgrat auf Aggenstein und Breitenberg.

genstein und eine willkommene Rast vor unserem mehr als einstündigen Rückweg.

Zum *Abstieg* folgen wir dem bei der Alp beginnenden, mit »Vils« beschilderten markierten Weg. Er führt ein ganzes Stück am Hang entlang und dann in zwei Kehren zu einem Querweg. Nach links geht es an der Ruine Vilseck (Vilsegg) vorbei nach Vils. Wir folgen dem Weg nach rechts (Schild »Zirmenweg – Mariengrotte«), der Richtung Pfronten ins Vilstal zieht. Auf diesen Weg trifft man auch – etwas rascher –, wenn man, wie auf der Karte angedeutet, am Beginn der zweiten Linkskehre geradeaus auf einer Pfadspur die wenigen Höhenmeter absteigt.

Fünfzig Meter hinter der Abzweigung zur Mariengrotte leiten kurze Kehren an acht Marterln mit Bildern vom Kreuzweg Christi vorbei hinab zum breiten Weg im Tal. Hier wandern wir durch die Vilsauen am Fuß des Saloberkammes zum Parkplatz zurück. Bei der »Mariengrotte« handelt es sich nicht um die große Grotte am Falkenstein, sondern um eine ganz kleine Grotte, die man vom Abzweig in etwa 15 Minuten erreicht.

20 Roter Stein und Vilser Kegel

Auf zwei Aussichtsbalkone hoch über der Vils

Charakter: Die interessante Besteigung des *Roten Steins* setzt Orientierungsvermögen und Übung im teils weglosen Gelände voraus. Nur für Bergerfahrene. Schöner Tiefblick ins Vilstal. Trotz einiger Windbruchpassagen lohnend. Der *Vilser Kegel* ist durch gute markierte Steige erschlossen, dennoch verhältnismäßig wenig besucht. Der Aufstieg über die Vilser Alm und Rückweg mit Umrundung des ganzen Bergkörpers ist leicht und landschaftlich reizvoll, der Gipfel ein attraktiver Aussichtspunkt.
Ausgangsort: Parkplatz am Kühbach bei Vils, 850 m.
Stützpunkt: Vilser Alm, geöffnet Anfang Mai bis Mitte Dezember, 1226 m.
Geeignete Zeit: Mitte Mai bis Oktober.
Gipfel: Roter Stein, 1547 m – Vilser Kegel, 1844 m.
Steighöhen und Gehzeiten: *Gesamttour:* 1580 m, 7 bis 7½ Stunden; *nur Vilser Kegel:* 1040 m, 4½ bis 5 Stunden.

Was wäre das Vilsgebiet ohne den steilflankigen, hoch über dem Tiroler Städtchen Vils aufragenden *Vilser Kegel.* Der weit hinauf latschenbedeckte, im Gipfelbereich stellenweise felsige Berg bietet dank seiner vorgeschobenen Lage eine hervorragende Aussicht, vor allem auf das seengeschmückte Alpenvorland um Füssen. Schön ist auch der Blick hinab auf Vils, über das vom Saloberkamm flankierte Vilstal entlang nach Pfronten und auf die Ammergauer Alpen mit dem beherrschenden Säuling. Trotz guter markierter Steige wird der Vilser Kegel nicht eben häufig bestiegen, viel weniger als etwa der Aggenstein. Dabei ist eine Rundtour von Vils aus reizvoll und abwechslungsreich und

Steil erhebt sich der Rote Stein über den Wiesen von Vils.

mit viereinhalb Stunden Gehzeit und 1040 Meter Steighöhe nicht zu anstrengend.

Für Bergerfahrene habe ich in diese Rundtour noch einen zweiten, sehr interessanten Gipfel eingebaut, einen kaum bekannten, aus dem Vilstal sehr auffallenden und sicher ganz selten bestiegenen Berg: Der *Rote Stein* erhebt sich mit seiner mehr als hundert Meter hohen, fast senkrechten Nordwand wuchtig über Vils. Nach Westen entsendet er einen steilen, im oberen Teil scharfen felsigen Grat, der nach Südwesten mit hoher

Übergang vom Vorkopf zum Gipfel des Roten Steins.

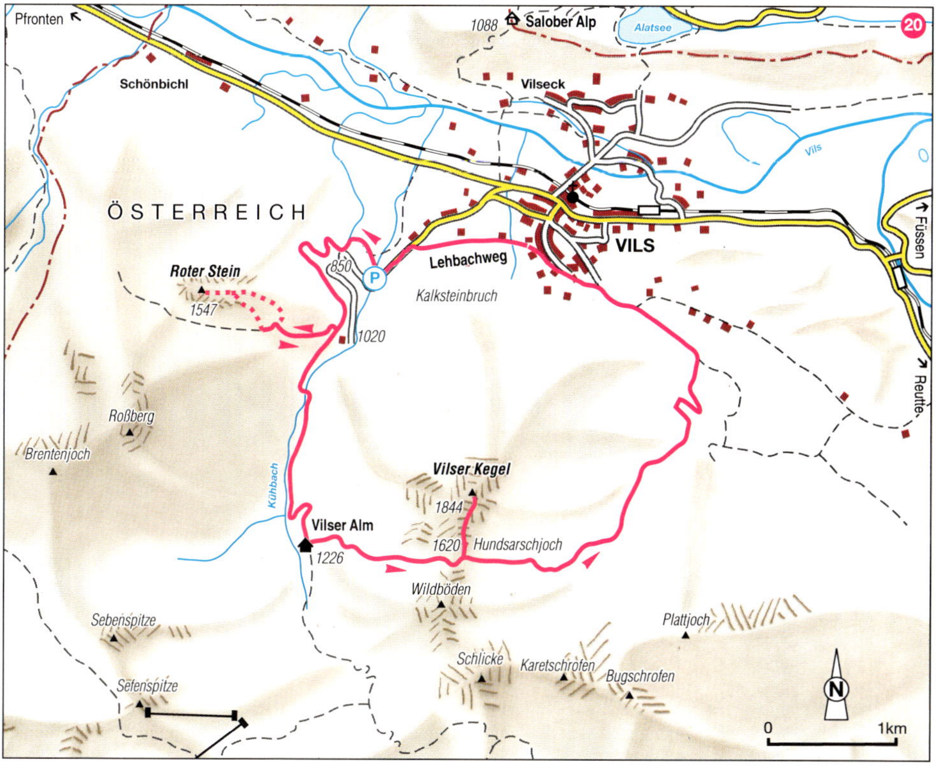

Pfronten ↖   1088 🏠 Salober Alp   Alatsee   **20**

Schönbichl   Vilseck

Vils

ÖSTERREICH

Roter Stein   850 Ⓟ   Lehbachweg   **VILS**

1547   Kalksteinbruch

Füssen

1020

Roßberg

Reutte

Brentenjoch

Vilser Kegel

Kühbach   1844

Vilser Alm   1620 Hundsarschjoch

1226

Wildböden

Sebenspitze   Plattjoch

Sefenspitze   Schlicke   Karetschrofen   Bugschrofen

N

0   1km

praller und nach Osten in einen niedrigeren Schrofengürtel übergehender Wand abbricht. Dadurch zeigt sich der Rote Stein vom westlichen Sattel als unvermutet eindrucksvoller 140 Meter hoher Felsturm, der in diesem Gebiet nicht seinesgleichen hat. Hinter der Nordwand aber verbirgt sich eine nach Südosten gerichtete, mäßig steile Abdachung, die eine unschwierige Besteigung ermöglicht. Sie erfordert einiges an Orientierungsvermögen, aber keine Kletterei. Bei günstigster Routenwahl läßt sich der starke Windbruch, der fast die gesamte Abdachung überzieht, großenteils umgehen, wenn auch nicht ganz vermeiden. Besonders attraktiv ist der Tiefblick von diesem Aussichtsbalkon ins Vilstal und über den Saloberkamm hinweg ins Allgäuer Land.

Der Wegverlauf

Ausgangspunkt ist ein kleiner *Parkplatz am Kühbach* westlich von Vils. Von Füssen kommend biegt man am Ortsende von Vils

kurz bevor die Straße unter einer Materialseilbahn durchtritt nach links ab und erreicht auf schmaler Asphaltstraße den Parkplatz am Waldrand gleich hinter der Brücke über den Kühbach. Auch vor der Brücke besteht Parkmöglichkeit. Wer von Pfronten kommt, benützt das gleiche Sträßlein, wie es in der Karte dargestellt ist.

Wir folgen nun dem Schild »Vilser Alm« und wandern auf dem breiten, großenteils schattigen Forstweg bergan, bald mit Blick auf den gestuften Kalksteinbruch, einen riesigen Eingriff im Bergfuß des Vilser Kegels, in dem Material für die große Zementfabrik in Vils gewonnen wird.

Nach einer knappen halben Stunde führt der Weg an zwei kleinen Holzhütten vorbei. An der hinteren linksseitigen müssen Sie sich entscheiden, ob Sie nur den Vilser Kegel besteigen oder vorher einen Abstecher auf den *Roten Stein* machen wollen. Wenn Sie ein wenig Gespür fürs Gelände haben, trittsicher sind und nicht davor zurückscheuen, auch mal über einen umgestürzten

Gipfelrast auf dem Roten Stein. Rechts der Vilser Kegel.

Baum zu steigen, können Sie die Sache angehen.

Für den Abstecher auf den Roten Stein müssen Sie mit zusätzlich zweieinhalb Stunden Gehzeit und 530 Höhenmetern rechnen. Für den ersten Abschnitt haben wir einen alten Jagdsteig, der zweite Abschnitt ist weglos. Wichtig ist, den versteckten Anfang des Jagdsteigs zu finden, ohne den der Aufstieg sehr zeitraubend und mühsam wäre: Unmittelbar vor der linksseitigen *Holzhütte* kommt eine breite göllige Schneise aus dem Wald, die weiter oben in eine seichte grasige Rinne übergeht. Im Bereich dieser Rinne verläuft unser Steig, zunächst auf dem Rücken rechts davon, dann auf dem linken Rücken. Er ist rot markiert und deutlich. Seinen Anfang findet man, indem man von der Hütte zwanzig Meter in die Schneise hineingeht und dann nach rechts aufwärts zum

Rücken steigt. Man kann auch vierzig Meter vor der Hütte auf schwachem Pfad in die kleine Mulde abbiegen und trifft gleich nach links auf den Jagdsteig. Er überquert bald die Rinne und windet sich dann auf dem Waldrücken empor, verläuft später kurzzeitig auf dem Grund der Rinne und zieht nach einigen Höhenmetern in scharfer Linkswendung am Hang hinauf. An dieser Stelle verlassen wir den Steig und streben auf dem Rücken rechts neben der Rinne dem nun sichtbaren Felsgürtel zu, der die Gipfelabdachung des Roten Steins südlich begrenzt.

Am Fuß der Felsen queren wir horizontal nach rechts zu einem Grasschrofenband, zu dem wir noch einige Meter aufsteigen müssen, und erreichen am Ende des Bandes über leichte Schrofen ansteigend den bewaldeten Ostrücken des Roten Steins. Am besten ist es, sich so weit wie möglich an seinem Rand zu halten und nur einigen Baumhindernissen nach links auszuweichen. Beim weiteren Aufstieg immer in der Nähe der steil ins Vilstal abbrechenden Kante bietet sich ein eindrucksvoller Blick auf die senkrechte Nordwand. Bald verflacht der Rücken. Wir erreichen den östlichen Vorkopf, von dem sich erstmals der nahe Gipfel zeigt. Über Geröll geht es hinab in die flache Einsenkung, dann steigen wir am linken Rand des felsigen Gipfelgrats zum höchsten Punkt. Hier oben hoch über dem Vilstal, mit schönem Blick auf Aggenstein und Breitenberg aus ganz ungewohnter Perspektive, werden Sie gewiß allein sein.

Diese Route ist nach meiner Erfahrung die günstigste Aufstiegsmöglichkeit zum Roten Stein. Ich habe noch eine andere in Betracht kommende *Variante* untersucht: Man folgt dem Jagdsteig ein Stück weiter, bis man einen freien Blick auf die Vilser Alm hat und steigt nun nach rechts auf die bewaldete Bresche in dem niedrigen, die Gipfelabdachung begrenzenden Felsgürtel zu. Der Aufstieg zur Bresche ist wegen der Windbruchhindernisse mühsam und erfordert Übersicht in solchem Gelände. In der Bresche steigt man erst über Grasschrofen nach rechts, dann in Linkswendung über einige umgestürzte Bäume hinweg zur Abdachung auf, hier zum Ostkamm und, wie schon beschrieben, zum Gipfel. Diese Route ist zwar etwas kürzer, aber mühsamer als die Begehung des gesamten Ostrückens.

Lassen Sie sich beim *Abstieg* keinesfalls auf den Windbruch im Bereich der von oben gangbar aussehenden Abdachung ein – ich weiß, wovon ich rede –, sondern steigen Sie auf der Anstiegsroute am Ostkamm ab. Dabei bleibt man wie beim Aufstieg stets im unmittelbaren Kammbereich und gelangt dort, wo der Rücken sehr steil wird, nach rechts über das Grasschrofenband in leichtes Gelände und zum bald sichtbaren Jagdsteig.

Auf den breiten Weg am Holzhüttchen zurückgekehrt wandern wir in einer halben Stunde zur *Vilser Alm,* willkommener Stützpunkt nach dem doch etwas beschwerlichen Abstecher zum Roten Stein. Die gut ausgebaute Hütte in prächtiger Lage ist von Anfang Mai bis Mitte Dezember geöffnet. Von hier geht es über die Wiese oberhalb der Hütte (Schild Vilser Kegel – Hundsarschjoch) zum lichten Mischwald und auf markiertem Weg zunächst sanft ansteigend, weiter oben steiler und schrofig zum *Joch* mit dem ordinären Namen, der schmalen Scharte zwischen Vilser Kegel und Wildböden, einem der Schlicke vorgelagerten selten bestiegenen felsigen Berg, den man vom Joch über den brüchigen Nordgrat in ziemlich schwieriger Kletterei oder, wesentlich einfacher, durch Umgehung des Felsaufbaus auf der Ostseite erreichen kann.

Wir wenden uns nach links dem *Vilser Kegel* zu. Der gute, stellenweise recht steile Steig verläuft zunächst auf dem Südrücken an einigen markanten Felsbildungen vorbei, quert dann einen plattigen Latschenhang und zieht schließlich über Gras und Schrofen zum Kreuz hinauf, das unterhalb

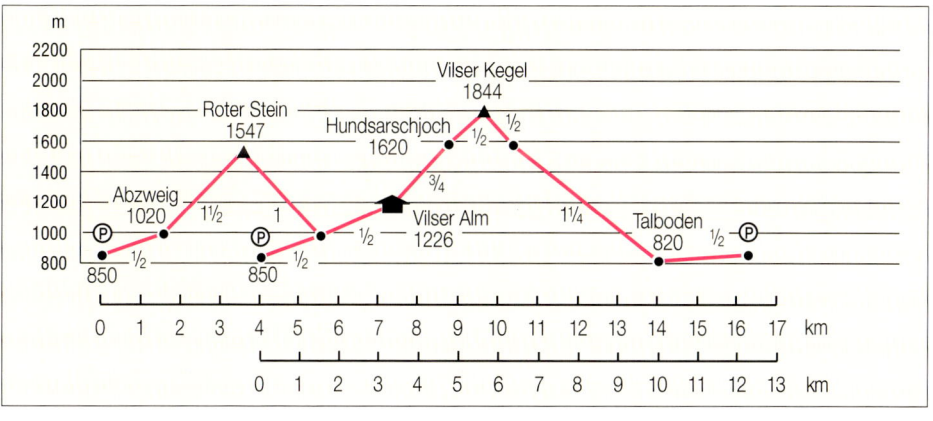

Die Querung am Latschenhang beim Aufstieg zum Vilser Kegel. Blick auf die Ammergauer Alpen mit dem beherrschenden Säuling.

des Gipfels steht. Der höchste Punkt ist von hier am schmalen Kamm in wenigen Minuten erreicht. Außer der schon angedeuteten faszinierenden Aussicht bietet der Gipfel einen instruktiven Blick auf den zuvor bestiegenen Roten Stein und läßt die Aufstiegsroute über den Ostkamm nachempfinden.

Auf dem Anstiegsweg steigen wir zum *Hundsarschjoch* ab. Der hier vorgeschlagene Rückweg vom Joch mit Umrundung des Vilser Kegels ist zwar länger als über die Vilser Alm, aber landschaftlich ungleich schöner, obwohl man im Talbereich ein Stück auf Asphaltstraßen gehen muß. Der gut markierte Weg leitet zuerst über Wiesenmatten und tritt dann in eine idyllische, parkartige Landschaft ein. Lichte Baumgruppen wechseln mit kleinen Grasflächen, in denen eingesprenkelte Steinblöcke helle Tupfer setzen. Auch der Blumenfreund kommt hier zur Blütezeit im Mai und Juni auf seine Kosten.

Der Weg führt dann, nun steiler und geröllig, im Bereich des Hundsarschbachs hinab, überquert den Bach und mündet in einen breiten Forstweg, der an den Nordosthängen des Vilser Kegels entlang – mit hübschen Ausblicken ins Vilstal und auf den Westteil der Ammergauer Alpen – nach ausholender Kehre schließlich die Talstraße erreicht. Hier wandern wir am südlichen Ortsrand von Vils zum Ausgangspunkt. In Vils hält man sich am besten an die in der Karte eingezeichnete Route, die hinter den letzten Häusern auf dem beschilderten *Lehbachweg* durch Wiesen zurückleitet.

Blick vom Vilser Kegel auf den Saloberkamm über dem Vilstal.

Vom westlichen Sattel bietet der kühn aufstrebende, turmartige Rote Stein einen unvermuteten und kaum bekannten Anblick.

Anhang

Literaturhinweise

Wander- und Tourenbücher mit Vorschlägen für die Ammergauer Alpen und benachbarte Berggebiete.

Weitere Bücher des Autors, erschienen im Allgäuer Zeitungsverlag, Kempten, jetzt Franz Brack Verlag, Altusried:

Günther Laudahn, Bergtouren mit Pfiff
30 nicht alltägliche Tagesrundtouren mit 125 Gipfeln in den Allgäuer, Ammergauer und Lechtaler Alpen und im Estergebirge
176 Seiten, 61 Farbabbildungen, maßstäbliche Karten und Tourenprofile. 3. Auflage.

Günther Laudahn, Allgäuer Alpen neu entdeckt
44 nicht alltägliche Gipfel auf den günstigsten Routen
168 Seiten, 54 Farbabbildungen, maßstäbliche Karten und Tourenprofile. Dieses Buch wird auch dem Kenner der Allgäuer Alpen manch Neues bieten.

Im Bruckmann Verlag, München, sind in gleicher Ausstattung wie das vorliegende Werk erschienen:

Helmut Dumler, Gipfelziele in den Allgäuer Alpen
50 Touren. 192 Seiten, 81 Farbfotos, 50 Kartenskizzen zu den Touren und eine Übersichtskarte.

Manfred Kittel, Bergwandern mit Kindern im Allgäu
51 Tourenvorschläge. 192 Seiten, 118 Abbildungen, 36 Kartenskizzen zu den Touren und eine Übersichtskarte.

Gerhard Hirtlreiter/Rudolf Kuhnlein, Bergtouren rund um das Lechtal
40 Touren. 192 Seiten, 97 Farbfotos, 38 Kartenskizzen zu den Touren und eine Übersichtskarte.

Bernd Riffler, Bergwanderungen in den Bayerischen Alpen
60 Touren für die ganze Familie
192 Seiten, rund 100 Farbfotos, Tourenkarten und eine Übersichtskarte (1996).

Bernd Riffler/Rudolf Steiger, Winterbergtouren ohne Ski zwischen Berchtesgaden und Allgäu
192 Seiten, 102 Farbfotos, 38 Kartenskizzen zu den Touren und eine Übersichtskarte.

Als großformatiger Band ist im Bruckmann Verlag erschienen:

Adolf Lindorfer, Die schönsten Höhenwege der Allgäuer Alpen
160 Seiten, 99 Farbfotos, 30 Kartenskizzen zu den Touren, 30 Höhenprofile und eine Übersichtskarte.

Rucksackführer dazu:
96 Seiten, alle Tourenbeschreibungen, 30 Kartenskizzen.

Zur allgemeinen Information liegen in der Reihe »Outdoor Praxis«, Bruckmann Verlag, vor:

Horst Höfler, Bergwandern heute
Ein unentbehrlicher Ratgeber für jeden Wanderer
192 Seiten, 113 Fotos, 16 Grafiken. 3., neu bearbeitete Ausgabe 1989.

Pepi Stückl/Georg Sojer, Bergsteigen
192 Seiten, rund 200 Fotos und Grafiken, 2. aktualisierte Auflage 1996.

Claus G. Keidel, Bergwetter
Ein Ratgeber für Wanderer und Bergsteiger durch alle Jahreszeiten
160 Seiten, 117 Fotos, davon 38 in Farbe, 37 Grafiken und 4 Wetterkarten.

Wilfried Dewald/Wolfgang Mayr/Klaus Umbach, Mit Kindern ins Gebirge
Ein Ratgeber
192 Seiten, 102 Fotos, davon 47 in Farbe, 13 Grafiken.

Register

Achenbrücke 156
Achental 154, 167
Achentalstraße 160, 161
Älpele 154
Aggenstein 123
Ammerwald 32, 36, 41
Ammerwaldstraße 14, 25, 94
Außerfern 14

Bäckenalmsattel 55, 64
Bad Kissinger Hütte 123
Berg 132, 133
Bleckenau 16
Branderschrofen 25, 26, 28
Brentenjoch 123, 124
Brunnberg 76, 77, 80, 81
Brunnenkopfhaus 59, 65

Danielkamm 14
Drehhütte 31
Dreisäulerkopf 66, 68, 70
Dürrnberg 16

Einerkopf 170, 172, 174
Einstein 132, 133
Enge 133

Falkenstein 170, 172, 173
Fallmühle 154, 156, 159, 160
Feigenkopf 51, 54, 60, 64
Felsiger Gratkopf 133, 137
Fensterl 38, 48
Franziskaner 28, 29, 30, 31
Frieder 102, 103, 104, 105
Friederalm 103
Friederberg 102, 103
Friedergrieß 108

Friederspitz 102, 105, 114
Füssener Jöchl 129
Füssener Seenplatte 124

Gabelschrofen 32, 36
Gabelschrofensattel 32
Gamswiese 19, 21
Geierköpfe 41, 48, 84, 87
Geiselstein 24, 32, 36, 40
Geiselsteinjoch 40
Geißenwegerl 160, 161, 165, 167
Gelbe-Wand-Weg 26
Grän 123, 129
Graswangtal 76, 109
Grießberghütte 110, 117, 118
Grottenweg 78, 83
Grubenkopf 64
Grüble 26, 29
Gumpenkar 38
Gumpenkarspitze 32, 36, 38

Hasentalkopf 49, 55
Hennenkopf 66, 68, 70
Himmelreich 154, 156
Hirschalpe 141,146
Hirschberg, Großer 141, 144, 146
Hirschwanghütte 64
Hochblasse 36, 40, 41, 48
Hochgrießkar 95
Hochplatte 24, 25, 36, 40, 41, 48
Hochplattengruppe 14, 24
Hohenschwangau 19, 23
Hundsarschjoch 183, 186
Hundsfällbrücke 51

Jägerhütte 36, 40
Jägerhüttenalp 48
Jochschrofen 141, 144
Jungholz 148, 149

Kenzenhütte 25

Kessel 55
Kesselgraben 30
Kienberg 154, 156
Kienbergkamm 154, 156
Kienbergkreuz 158
Klammspitze, Große 51, 54, 60, 65
Klammspitzkamm 14, 58
Kofel 76, 78
Kofelsattel 78, 79
Köhlebachtal 36, 48
Kolbenalm 83
Kramer 109
Kramergruppe 14, 109
Kreuzkopf 16
Kreuzspitze 48, 84, 94, 95
Kreuzspitzgruppe 14, 84
Kreuzspitzl 94, 95, 97, 101
Kühbach 181

Laber-Hörnle-Gruppe 14
Lammscharte 54
Latschenschrofen 28
Laubeneck 66, 68, 73
Läuferspitze 129
Lausbichl 102, 105
Lehbachweg 186
Linderhof 66, 69, 73
Loisachtal 103, 109
Lösertaljoch 55
Lösertalkopf 49, 54, 55

Marienbrücke 20
Mariengrotte 173
Milchhäusl 161, 164, 165
Mühlberger Älpele 31

Neualm-Jagdhütte 102
Neualmsattel 94, 95, 101
Neualpbach 94
Neuschwanstein 20
Niederstraußbergsattel 32, 36, 40

Oberammergau 14, 78, 82
Oberjoch 141, 144

Ochsenälpeleskopf 16
Ochsenängerle 36
Ochsenhütte 103, 108, 110
Ornach 143

Pfronten 156, 161, 172
Pfrontner Berg 154, 160, 161, 164
Pfrontner Hütte 123
Pilgerschrofen 16, 19, 21, 23
Plansee 85, 90
Prinzregentensteig 36, 40
Pürschling 66, 83, 84
Pürschlinghaus 59, 66, 73, 76, 84
Pürschlingkopf 66, 73

Rappenkopf, Hinterer 76, 79, 80
Rappenkopf, Vorderer 76, 78, 79
Rappenschrofen 132, 133, 141
Rauheck 110, 116, 117
Rauhenstein 103, 110, 114, 116
Roggental 36, 38, 44
Roggentalgabel 36, 38
Rohrkopfhütte 26, 29
Roßberg 123, 124, 126
Roßgern 30, 31
Roßscharte 30
Roter Stein 126, 178, 180, 181, 182
Rotmoosalm 110
Rotmoossattel 103, 109, 110

Sägertal 49, 55
Sägertalbrücke 49, 51, 60, 64
Saloberalm/alp 170, 175
Saloberkamm 170
Säuling 16, 19, 21
Säulinggruppe 16
Säulinghaus 16, 21
Scharfeck 102, 105, 108

Scheinbergjoch 55
Scheinbergspitze 49,
51
Schloßangeralpe 173
Schnalskopf 154,
156, 158
Schönleitenschrofen
26, 31
Schützensteig 48
Schwarzenbach 103,
110
Schwarzenkopf 59
Sebenalpe 126, 128,
129
Sebenkopf 128
Sebenspitze 123,
126, 128
Seebach 124, 126,
128
Sefenspitze 123, 126,
129
Seichenkopf 124

Sonnenberg 76, 82,
84
Sonnenberggrat 84
Sorgschrofen 148
Spieser 141, 144
Spitzigschröfle 28, 29
Stepbergalm 110,
112
Südhangsteig 93

Tannheim 132, 141
Tannheimer Tal
129, 132, 133, 141,
144, 153
Tegelberg 26
Tegelbergbahn 26
Tegelberghaus 28
Teufelsbach 87, 91
Teufelstal 90, 91
Teufelstättkopf 66,
68, 73
Trauchberge 14

Unterjoch 148, 149,
151, 154

Vils (Fluß) 122, 170
Vils (Stadt) 122, 178
Vilser Alm 178, 183
Vilser Jöchl 124,
128
Vilser Kegel 126,
178, 183
Vilstal 156, 170,
180, 181
Vorderer Scheinberg
55

Wankerfleck 36, 40
Weitalpjoch 46, 48
Weitalpspitze 40, 41,
48
Wildböden 183
Wildsulzhütte 20, 23
Wintertal 65

Zahn 76, 82
Zahnmassiv 77, 81
Zehrerhöfe 151, 153
Ziegspitze, Hohe
110, 112
Ziegspitze, Vordere
110, 112
Ziegspitzkamm 103,
110
Ziegspitzsattel 112
Zinken 148, 152
Zirmgrat 170, 172,
175
Zugspitze 54, 103,
105, 109, 110, 112,
115, 144
Zwerchenbergalm 91
Zwieselberg 16
Zwölf Apostel 19, 20,
21
Zwölferkopf 170,
172, 174, 175

BERGSTEIGER

An alle Bergsteiger, Wanderer, Kletterer, Trekker, Skitouren-Fans und Klettersteigfreunde: Jetzt können Sie Ihren Freizeitspaß noch aktiver erleben.
Mit dem **BERGSTEIGER** – dem fundierten und praxisnahen Magazin rund um die Berge.

BERGSTEIGER
bringt monatlich spannende Bildbeiträge erfahrener Alpinisten und außerdem:

▲▲ Detaillierte Tourenvorschläge
▲▲ Praktische Ausrüstungs-Tips
▲▲ Kritische Umweltaspekte
▲▲ Hilfreiche Fototechnik
  und vieles mehr.

Bruckmann Verlag

Bruckmann Verlag, Postfach 20 03 53, 80003 München